令和時代を勝ち抜く!

リーダーが実践する「GIVEの成功方程式」

高須英治 著

セルバ出版

はじめに

「決して手を抜いていない。にもかかわらず、今の仕事に達成感や満足感が得られない」

あなたがそう感じているなら、本書の「成功方程式」の実践で、あなたのビジネスやマネジメントが劇的に変化する実感が得られることでしょう。

ビジネスにおいても、プライベートにおいても、試練、苦難は誰もが経験します。でもそれは決して長続きしません。向上心さえあれば必ず転機が訪れ、好転させることができます。

あなたが本書を読んで手に入れるもの、それは、自らを成長させる学び。さらに人間関係や環境を変える行動。そして「もっと、できる」「もっと、やれる」という自信です。

私は今、世界にネットワークを持つリファーラル組織に属し、年間延べ３０００人ほどの経営者やビジネスリーダーのアドバイザー役を務めてまいりました。経営者やビジネスリーダーへのインタビューを通して、私はあることに気づくことができました。

「人間関係がうまく行かない」「お金がいくらあっても足りない」「時間がない」「能力・スキルが足りない」といった「ドラマ」にどっぷりハマり、「このドロ沼からなかなか抜け出せない」や「このような会話のドロ沼からは早く抜け出したい」という声が多く聞かれるのです。また、「今の仕事に対して心の底から自信が持てない」というビジネスリーダーも少なくありません。

私自身も昔はそうでした。自信が持てないと「ＡＩに仕事を奪われるのでは」「社会の変化に取り残されるのでは」、そんな漠然とした将来への不安が頭をよぎりがちです。

そうしたマイナス思考は、本書を読んでいただければ嘘のように消えるでしょう。

優れたビジネスリーダーには共通点があります。これまでにない社会のニーズに応え、世の中に新しい価値を創出することです。

万能のように語られるＡＩは、これまでの延長線上でビジネスを拡大させるのは得意かもしれません。ところが人間の幸せは、過去の延長線上には存在しないのです。

今、私たちの生活で当たり前になっている文化や習慣、社会インフラそのものが、ほんの50年前には存在しなかったことが裏づけるように、人間の価値観は思いがけない方向に変貌していきます。

小さな変化を先取りし、新しいビジネスを生み出していける経営者やビジネスリーダーこそが、ＡＩに支配されることなく、ＡＩを含むすべてのビジネスを「動かす」側に立つと言えるでしょう。

人間の想いの強さや願いは、思いがけない変貌を遂げる源です。

信念。情熱。信頼。自信。これらは人間だけが持ち得るものです。それを活かすスキルは、今すぐにでも磨き始めることができます。

人間は認識や捉え方次第で、サナギが羽化するかのように変われるのです。

私は本書で、世界中の優れたビジネスリーダーが実践してきた「ＧＩＶＥの成功方程式」について、さらに「リファーラル組織」という新しい組織のあり方について、ご紹介したいと考えています。

上質な情報との出会いは、人生を根本から変えることがあります。

すべてのビジネスリーダーは発想の転換次第で、経営の苦しみを成長の楽しみに変えることができます。今の環境を変え、成功に繋がる考え方やスキルを身につけることで、いくらでも状況を好転させることができるのです。

成長を志向し、経験や体験を分かち合い、与えることによって、信頼の貯蓄がみるみる増えていく不思議、組織がビジョンを達成していく魔法を、是非、あなたも体験してください。

高須　英治

２０１９年12月

令和時代を勝ち抜く！　リーダーが実践する「ＧＩＶＥの成功方程式」　目次

第2章　あなたのビジネスを手詰まりにしているのは何だろう?
～経営者・リーダーが陥りがちな5つの「ドラマ」

第3章 「GIVE」が突破口になる、これだけの理由 〜私が実感してきた「GIVE」の成功方程式

第4章　世界で実践されているリファーラルマーケティング ～BNI®で確信を得た経営者たち

第5章 AIにできない発想ができるリーダーとは 〜今日からできる5つの実践

第6章　リファーラルで叶える、人生の貯蓄 〜世界一のベストセラーが、その真価を裏づける

第1章

優れた組織の、できるリーダーが実践している「ＧＩＶＥ」とは

～信頼、評価は「ＧＩＶＥ」で貯蓄できる

1　マネジメントよりも、必要なのは真のリーダーシップ

マネジメントとリーダーシップは全く違う

経営トップを始めとするビジネスリーダーは、チームを率いるポジションにいます。ところが、必ずしもその全員がリーダーシップを発揮しているとは限りません。

私は真のリーダーシップこそが、組織を成功へと牽引するエネルギーだと考えています。

中には、マネジメントに力を入れることがリーダーシップを発揮していることと勘違いしている方がいます。「管理職」と呼ばれるポジションがあるくらいですから、ビジネスリーダーに求められているのは管理なのだ、という意識が強くても無理はありません。

ではビジネスリーダーに、人材やスケジュールを「管理」する力が備わっていれば、組織は成功するのでしょうか。

人は内発的に動機づけられ、心を満たそうとして動くのであって、外的なコントロールで状況が前進することはありません。つまり管理は1人ひとりの人材が自発的にするものであって、リーダーはその内発を促す存在であるはずです。自分以外の他人やプロジェクトを管理したからといって成果が上がるわけではないのです。むしろリーダーがイノベーションを図ることなく、管理さえしていれば存続するビジネスモデルであれば、もはや先細りと言っても過言ではありません。

一方で、リーダーシップという響きに、１人の強いリーダーが号令をかけ、メンバーが従うという一昔前のイメージを抱く方もいるでしょう。それで成果を上げることのできた時代があったのも事実です。

今までの私たちの世界観では、１つの組織を動かすのは１人のリーダーでした。でも道なき道を進む大航海時代であればさることながら、ＡＩが台頭しビッグデータからある程度の推論が導き出せるこの時代には、上長の指示を待つことなく、メンバーと協力関係を構築して一歩前へチームを進めるメンバー１人ひとりのリーダーシップが力を発揮します。

新しいスタイルのリーダーシップが台頭してくるようになると、多くの主体性のあるチームメンバーが今までの旧態依然としたマネジメントスタイル、予算編成、目標達成の仕方、組織の運営方法について、ある種の閉塞感を感じていても不思議ではありません。

顧客をどんどん開拓することに夢中だったワンマン経営者がふと気づくと、社員との間に気持ちの溝ができ、大多数の従業員が転職してしまったというのは、決して珍しいケースではありません。また、優秀なトップセールスマンが気づいたら組織において孤立している等、１人の強いリーダーが号令を掛け牽引してきたスタイルに慣れ切ってしまった組織では、多くの場合、メンバーが指示待ちとなり、成長しなくなってしまいます。

こうした結果を招くような経営のあり方は、決してリーダーシップと呼ぶことはできないでしょう（図表1）。

では、真の経営者、真のリーダーシップとは、どのようなあり方、態度・姿勢なのでしょうか。

プロのビジネスリーダーとは

成功する組織のリーダーは、成功のイメージを明確に描き、チームの人材に協働を促し、「管理」ではなく、共感でチームを率いています。これが今の時代、そして近未来に渡るビジネスリーダー像だと考えます。

リーダーには、プロフェッショナルとアマチュアがいます（図表2）。

ビジネスリーダーは、そのビジネスの専門性に関してはプロフェッショナルかもしれません。ところが経営者としてのリーダーシップという面では「プロか、アマチュアか」を測るのは、また別の物差し秤があるのです。

では、そのプロとアマチュアの差はどこにあるのでしょうか。

プロのリーダーは高い目標を設定した上で準備を怠らず、必ず成功するという責任を自らに課して努力を惜しみません。そのため社会的な評価も高く、業績も堅調で上向き、好調なパフォーマンスで実績を積み上げていきます。

一方でアマチュアのリーダーは高い目標を設定することを好みません。目の前のタスクだけに取り掛かり、目先の成果に一喜一憂し、自己満足のパターンに陥ってしまっているのです。新規開拓という旗印のもと、見込みが不透明でチームメンバーの士気が上がらない営業を強いたり、勝利す

【図表１　真のリーダーシップとマネジメントの違い】

【図表２　プロとアマチュアのリーダーの違い】

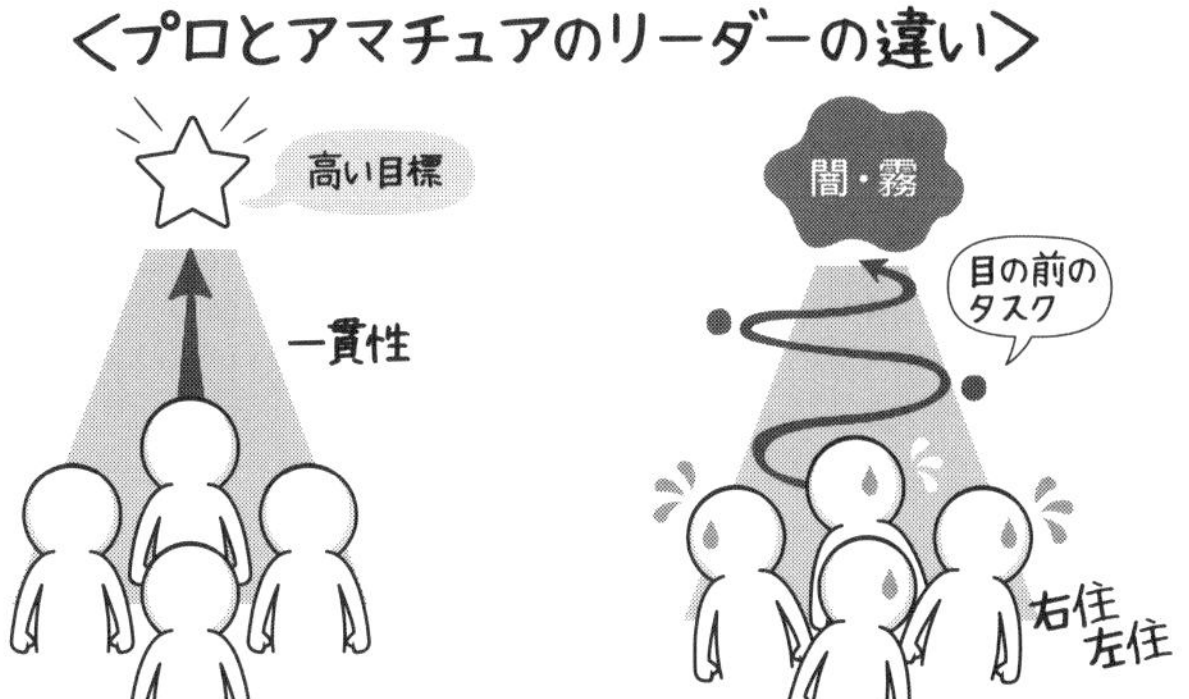

プロのリーダー	アマチュアのリーダー
高い目標設定・志	目の前のタスク
計画・準備・正しい努力	一喜一憂・自己満足
必ず成功する責任を自らに課す	自らの時間やエネルギーを犠牲にする
メンバーが自発的に動く	メンバーの士気が上がらない
共感・チームプレー	管理・個人プレー

る見込みが薄いコンペ案件に参加したりといった日々。勝利してもクオリティを維持するためではなく、チームメンバーや自らの自己正当化のために時間やエネルギーを費やし、本当に大切なものを犠牲にしています。ビジネスの成長が頭打ちなのは景気や環境のせいだと、自他ともに納得させてしまうことも多々あるのです。

環境を嘆くアマチュアにはAIの台頭が脅威かもしれません。本来、ビジネス成長の有力な足掛かりであるべきAIに、支配されてしまう可能性もあるでしょう。

ではアマチュアからプロフェッショナルへと変貌を遂げるのは難しいことでしょうか。実は「アマチュア思考から抜け出せていないことに気づいていないだけ」というケースも多く、さらに「気づいてはいるが、どうしていいかわからない」という声がほとんどを占めています。

現状すでに経営のトップやビジネスリーダーのポジションにいる方であれば、ちょっとした「気づき」だけでプロのビジネスリーダーとして活躍できる可能性を秘めているというわけです。

必要なのは、ただ1つ。

進んで代償（時間の投資）を払おうという心構え、努力を惜しまないという考えです。ビジネスの世界でのプロフェッショナルには高い能力と人格が求められます。そのために時間と価値創造のための努力を惜しんではなりません。あなたの持つエネルギーの最も効果的な投資、本書では、それを「ＧＩＶＥ」と呼んでいます。

大切なのは、環境や状況のせいにせず、リーダー自身が「ＧＩＶＥ」の積み重ねによって新しいビジネス環境をつくっていくことです。

「ＧＩＶＥ」を実践するという、極めてシンプルな一歩を踏み出すことによって、荒野を歩いていたのが嘘のように、豊穣なビジネスフィールドの開拓者となっている自分に気づくことでしょう。

2　「GIVE&TAKE」のビジネスには限界が訪れる

「ＧＩＶＥ」とは何か

「ＧＩＶＥ＆ＴＡＫＥ」は多くのビジネスリーダーに浸透している考え方です。これを「ＷＩＮ—ＷＩＮ」と表現する人も多いでしょう。しかし、成功方程式の核となる「ＧＩＶＥ」は「ＧＩＶＥ＆ＴＡＫＥ」とも「ＷＩＮ—ＷＩＮ」とも、似て非なるものです。

ここではスポーツチームに例えて考えてみましょう。

野球のチームは勝利を目指して試合に臨みます。これに異議を唱える人はいないでしょう。ところがプロとアマチュアでは行動が異なります。

多くのアマチュアは、自分が試合に出場して活躍することを重要視するのではないでしょうか。アマチュアは楽しむために野球をしているのですから、それでいいのです。

しかし、プロはそうではありません。ベテランでもコンディションが悪ければ、スタメンを譲るかもしれません。その際にふてくされていてはアマチュアに転落です。プロはスタメンを譲った出場選手に自分が持っている相手チームの選手の情報や独自に収集した情報を教え、笑顔で送り出し、声援を惜しまないでしょう。そして、コンディションが悪くなった理由について自己分析し、若手の参考にしてもらうということもありえます。

1つひとつは些細なことです。ところが実際には、なかなかできません。

これをブレることなく積み重ねていける人はチームを勝利に導くプロですし、たとえキャプテンのポジションにいなくても、プロのリーダーとして認められるにふさわしい人物・人格者です。プロのリーダーが充実しているチームほど、勝利する可能性は高まるといえます。試合には出られなかったが、チームを勝利に導き、自分だけが勝利を味わうのではなく、勝利を分かち合おうとするのが真に勝利をもたらすリーダーなのです。

選手としての使命は何か？　選手は誰のために、何のためにプレーをするのか？

スポーツチームのプロリーダーは、それを十分に理解しています。

観客の心を掴み続けるプロフェッショナルに求められるのは、単に、試合に出場するだけではなく、記録にチャレンジし塗り替えることやチャンスをものにするファインプレーなど圧倒的な顧客満足の継続的な創出ではないでしょうか。「試合で勝つこと」とは、大勢の観客に勇気を与えることであり、ファンと共に夢を叶えることなのです（図表3）。

スポーツチームのプロリーダーが見せる姿勢は、自分のスキルや資質を用い、全身全霊で、多くの人が求めるものを得られるように手助けすることが「ＧＩＶＥ」の第一歩だということを、私たちに教えてくれます。

ビジネスにも同じことが言えます。ビジネスとは「ＴＡＫＥ」、つまり対価をいただくことだと考えられがちです。特定の価値を提供する代わりに対価を頂戴するというわけです。

ところが「ＴＡＫＥ」を意識するだけではパイの奪い合いになってしまいます。それではマーケットが飽和気味の時代や多様化の時代では勝てません。

「ＧＩＶＥ」はその逆の発想です。

「ＧＩＶＥ」といえば、すぐ思い浮かぶのは「ＧＩＶＥ＆ＴＡＫＥ」もしくは「ＷＩＮ―ＷＩＮ」という言葉でしょう。ただし「ＴＡＫＥ」が前提条件の「ＧＩＶＥ」には、いずれ限界が訪れます。直接の「ＴＡＫＥ」なき相手に「ＧＩＶＥ」なし。まっとうなように思えますが「ＴＡＫＥ」が見込めるとわかってからの「ＧＩＶＥ」では、想定内のビジネスが開拓できるに過ぎません。「ＧＩＶＥ」と「ＴＡＫＥ」は双方向ですが、それ以上の広がりは見込めないのです。

あなた自身もすでに薄々感じ始めているように、想定内のビジネスの延長線上に想定外の勝利が訪れることはありません。ビジネスを次のステージに引き上げていくために必要な発想が「ＧＩＶＥ」の二乗なのです。「ＧＩＶＥ」と「ＧＩＶＥ」の掛け合わせです。ここでは「ＧＩＶＥ＆ＧＩＶＥ」と表現しておきましょう。

それでは「ＴＡＫＥ」がないじゃないか、そんな声が聞こえそうなので「ＧＩＶＥ＆ＧＩＶＥ」でいったい何が起こるのかをご説明しましょう。

「GIVE&TAKE」と「GIVE&GIVE」の大きな違い

旧来の発想を持つ経営者は、交流会などの場で会った相手には、すぐにアタックを開始します。「当社はこんな強みを持っています。一度、話だけでも聞いてくださいませんか」とか、後から頼みもしないのに「当社の代表とご縁をいただいた方へ」と題して一方的に送られてくる営業のメールなど。相手はそのアプローチを「売り込まれているな」と警戒し、再度会いたいと思ってもらうどころか、本題に入ることさえできないかもしれません。

自分では「GIVE&TAKE」を意識していても、相手からすれば「TAKE」にしか見えません。相手のことを思って懸命に情報を「GIVE」しようとしていても、その前に相手から敬遠されてはビジネスのスタートラインに立つことすらできなくなります。

こうした経営者は、どんな相手にもこうしたアプローチを続けるため「数打ちゃ当たる」という、ドブ板営業、足で稼ぐ営業から抜け出すことはできないでしょう。

「GIVE&GIVE」を意識している経営者は、相手へのアプローチが根本的に違います。どんな場面で、どんな人と出会っても「TAKE」ではなく「GIVE」に徹した会話をするのが大きな特徴です。自らのテリトリーであるビジネスの範疇に留まることなく、相手がどんなビジネスをしているのか、プライベートを含めた近況などを尋ねるのです。

相手が話す内容は様々でしょう。でも、ビジネスでもプライベートでも、困り事が1つもないという相手はいないはずです。

【図表３　プロとアマチュアのリーダーの違い】

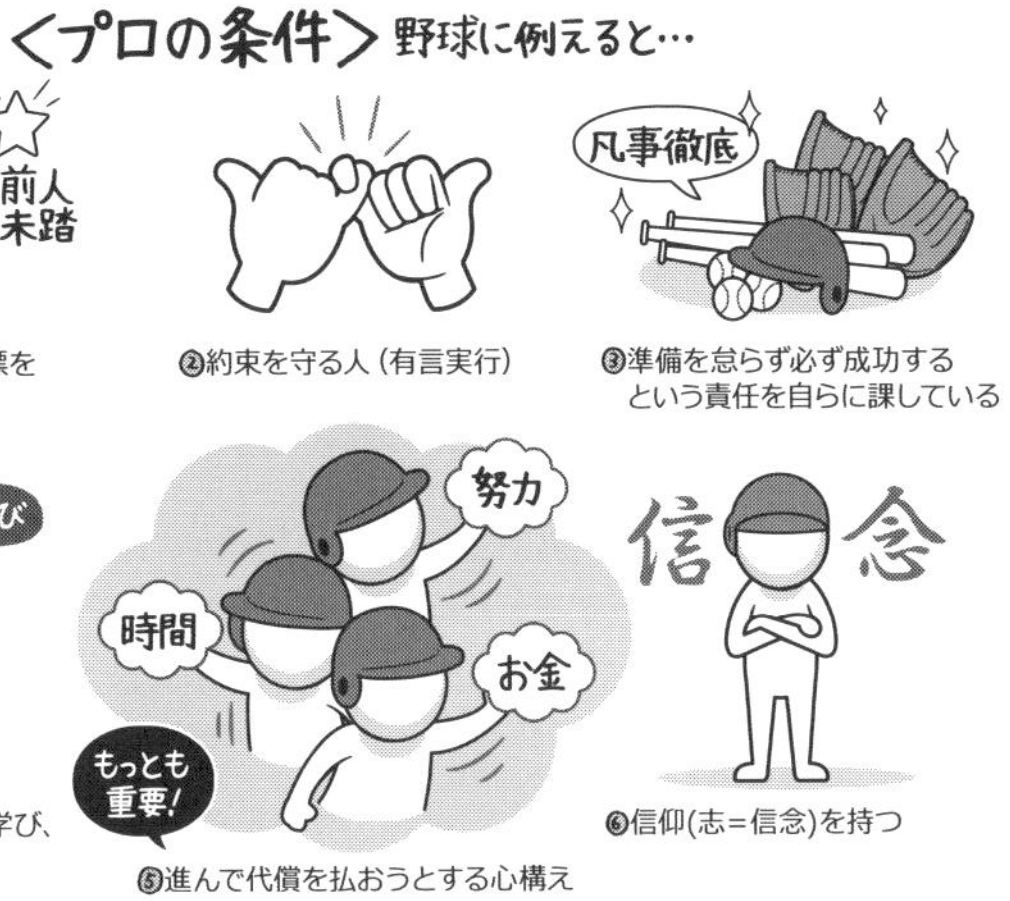
＜プロの条件＞野球に例えると…
①自ら明確で高い目標を設定できる人
②約束を守る人（有言実行）
学び
学び
実践
④あらゆる機会から学び、蓄える
もっとも重要！
⑤進んで代償を払おうとする心構え

⑥信仰(志＝信念)を持つ

【図表４　「ＧＩＶＥ＆ＴＡＫＥ」と「ＧＩＶＥ＆ＧＩＶＥ」の違い】

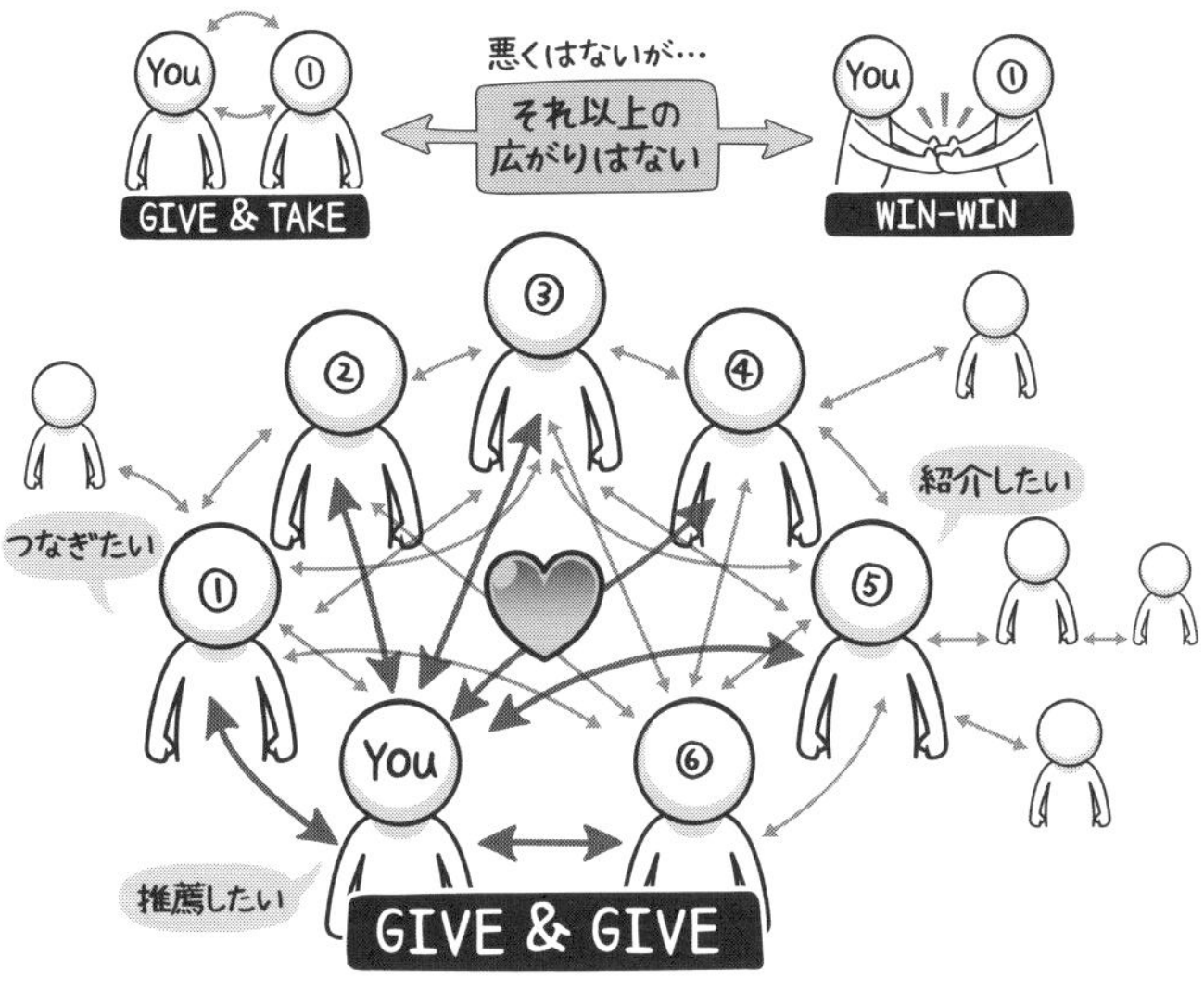

悪くはないが…

つなぎたい

「ＧＩＶＥ＆ＧＩＶＥ」タイプの経営者は、相手に役立つ情報を知っていれば迷うことなく「ＧＩＶＥ」します。自らのビジネスに関連しない情報、つまり自分に見返りがないケースであっても、気にしません。それどころか、解決につながる情報を知っていそうな人を「紹介しましょうか」と提案するのです。

もちろん初対面の相手にできる情報提供は限られますし、相手についての情報が少ない段階で深刻な悩みを解決しようとしても、かえってリスキーな場合もあります。初対面では悩みや課題に耳を傾け、親身になって共に考え、相手が「話を聞いてもらってよかった」と思えるような関係を築くことそのものも「ＧＩＶＥ」と言えます。

その相手に、別の場で再会したとしたら、どんな会話になるでしょう。「ＧＩＶＥ＆ＧＩＶＥ」を意識している経営者は相手に、親身になってくれる人という印象を与えていますから「こんなことも、相談してみよう」と思われるはずです。

そうやって人間関係を築くうちに、経営者のビジネスに役立つ情報が、相手から提供されるようになります。信頼感が増していけば「私の知り合いに、あなたを紹介したい」という提案が、自然に発生してくることになります。

後者の経営者が実践したのは「ＧＩＶＥ」のみです。相手からもたらされたものも「ＧＩＶＥ」のみです。にもかかわらず「ＴＡＫＥ」を意識する以上の、豊かな信頼関係に基づくビジネスが広がっていくのです（図表４）。

利益はどこからもたらされるのか

すべての経営者、すべてのリーダーは、すでに何らかの社会的な価値を持っており、社会にそれを還元しています。知識、スキル、経験、顧客や従業員との絆など、本人が意識していないことも含まれます。実際に、それを発揮して組織を運営しているのですから。ところが目の前の利益に直結することにしか価値を発揮していなければ、宝を埋もれさせているようなものです。

「ＧＩＶＥ」とは、価値の増幅装置です。

目の前の利益のためだけに提供する価値は限定的ですが、経営者やリーダーが繋がって、協力し合い、各々が持っている価値を惜しみなく提供し合えば、ポテンシャルは飛躍的に上昇します。各々が持つポテンシャルに紐付けられたビジネスは、これまでにない新しいムーブメントであり、新しい領域に新しい実績を生み出します。新しい価値の創造ですから、もちろん利益が付いてくるのは言うまでもありません。

利益をもたらすのは、信頼のある人間関係に基づく人脈の紹介です。これを「リファーラル」と呼びます。見返りを期待しない純粋な人脈の「ＧＩＶＥ」、いわゆる推薦のことです。

もちろん「ＧＩＶＥ」ですから、あなたが周囲に利益をもたらすのです。紹介すればマージンが得られるというビジネスもこの世には存在しますが、そういう発想ではありません。また、同じ業界内で紹介、推薦し合うだけでは、これまでの方法論と同様です。「手が足りないので、同業に声をかけよう」「うちでは設備やノウハウが足りないから、知り合いにやってもらおう」という紹介は、誰しも過去に経験があるのではないでしょうか。

私の推奨する「GIVEの方程式」は、むしろ同業種より異業種を優先する、つまり業界や職種を問わない全方位の「GIVE」にあります。

「GIVE」を続ければ、ドロ沼営業はいらなくなる

この「GIVEの方程式」をビジネスに当てはめると、例えばこんな展開が考えられます。

あなたは昔から知っていて仕事上だけでなく、プライベートでも頼りにしているAさんがいかに素晴らしい人物で、いかに素晴らしい仕事をするかを理解しています。Aさんがどんな人の困り事を解決できるかをよくわかっていて、いつもAさんを気に掛けアンテナを張っていました。

そんなある日、あなたはあなたの本業で関係が深い顧客でありビジネスパートナーのCさんが問題を抱えていて、その問題をAさんが解決できることに気がつき、そのことを知りたがっていたCさんにAさんの情報を伝え、紹介が必要かを確認します。一方でAさんには、Cさんが欲しがっているサービスについて伝え、AさんのニーズをCさんの本業で満たすことができるかを確認します。

あなたはお互いのニーズを確認し、2人を引き合わせるのです。するとCさんとAさんとの間にビジネスが成立します。Cさんは問題を解決することができ、Aさんは、仕事が増え、お互いからいい人を紹介してもらったとあなたは感謝されるでしょう（図表5）。

「困ったら、あの人に聞こう」

「今度は私があなたに紹介できたら、きっと喜んでもらえるはず」

あなたと信頼関係を結ぶ人がこうやって増えていくのです。人は関係が薄い人よりも、よく知っている縁の深い人とコミュニケーションをより発展させていきたいと考えるものです。会話が多ければ多いほど、「推薦したい、紹介したい」という感情は強くなっていくのです。

もちろんあなたはCさんに、自分のビジネスについても最新情報を伝えます。Cさんに何かを売り込む必要はないのです。あなたの中に「自分のビジネスを必要とする人は必ずいるという自信があれば、そのビジネス情報はCさんにとって、周りの人への貢献につながる「ＧＩＶＥ」の情報になるからです。Cさんが「ＧＩＶＥ」の情報をまわりに伝えやすくなるように、表現に工夫してわかりやすくするのも、あなたからの「ＧＩＶＥ」となるでしょう。あなたが自信を持って貢献できることを、あなた以外の人が情報として「ＧＩＶＥ」できるようにあなたが伝えることができたら。

すると、あなたのこの「ＧＩＶＥ」は、あなたの手を離れ、知らない間に評判となって営業をしてくれるようになります。Cさんは自分の親しい人が困っていたら「こんな人がいますよ、紹介しましょうか」「この人なら熱心だし、充分なポテンシャルもあり、信頼できますよ」と、情報を「ＧＩＶＥ」することでしょう。「ＧＩＶＥ」された側はもともと信頼していたCさんの紹介とあって、疑うことなく安心してあなたに相談してくださることでしょう（図表４）。

ここまでは「ＧＩＶＥ」の基本的な成功方程式です。こうした「ＧＩＶＥ」には、２つの大きな

【図表５　ＧＩＶＥの双方向】

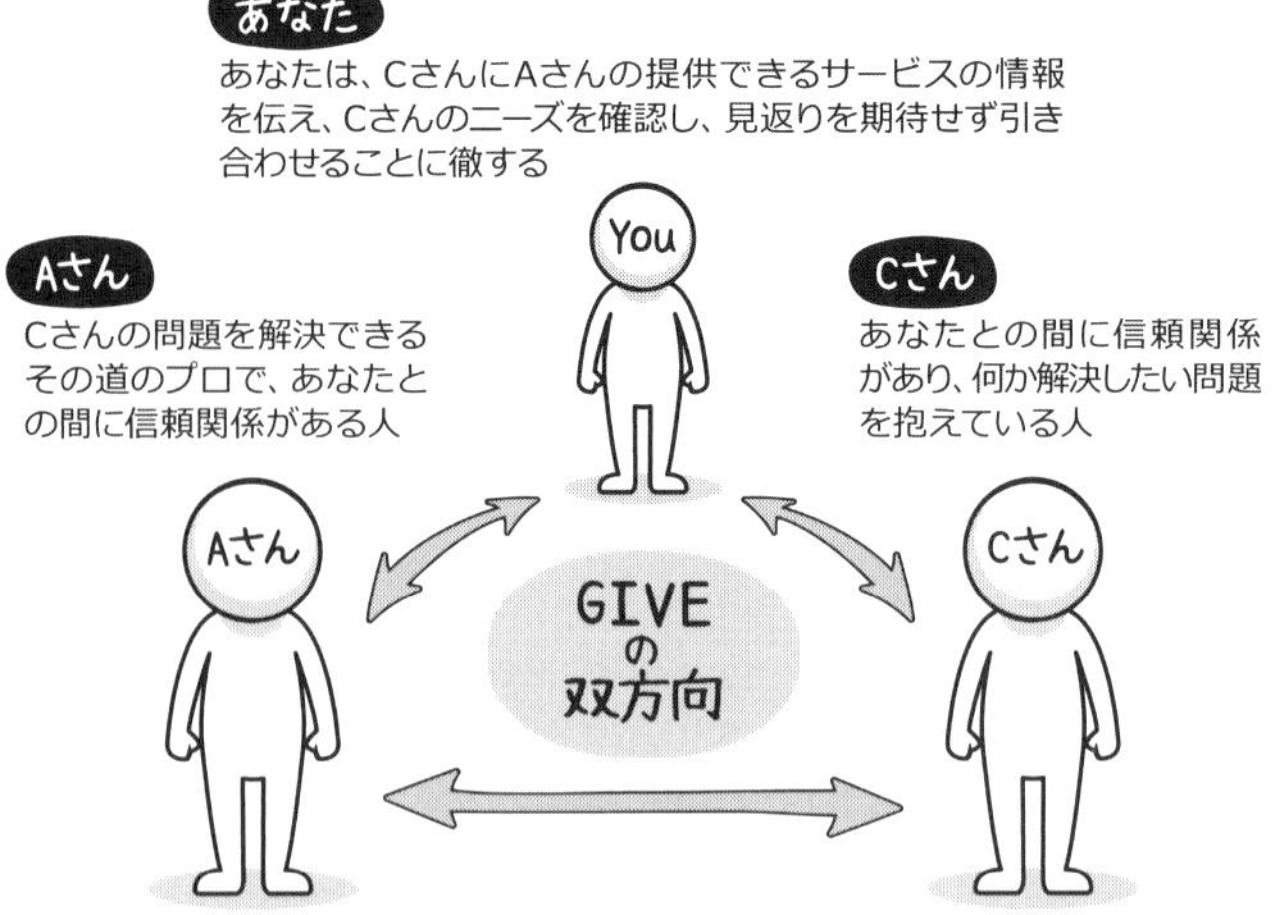
あなた
あなたは、CさんにAさんの提供できるサービスの情報を伝え、Cさんのニーズを確認し、見返りを期待せず引き合わせることに徹する
Aさん
Cさんの問題を解決できるその道のプロで、あなたとの間に信頼関係がある人
Cさん
あなたとの間に信頼関係があり、何か解決したい問題を抱えている人
You
Aさん
Cさん
GIVEの双方向

【図表６　ＧＩＶＥの信頼関係が「あるとき」と「ないとき」】

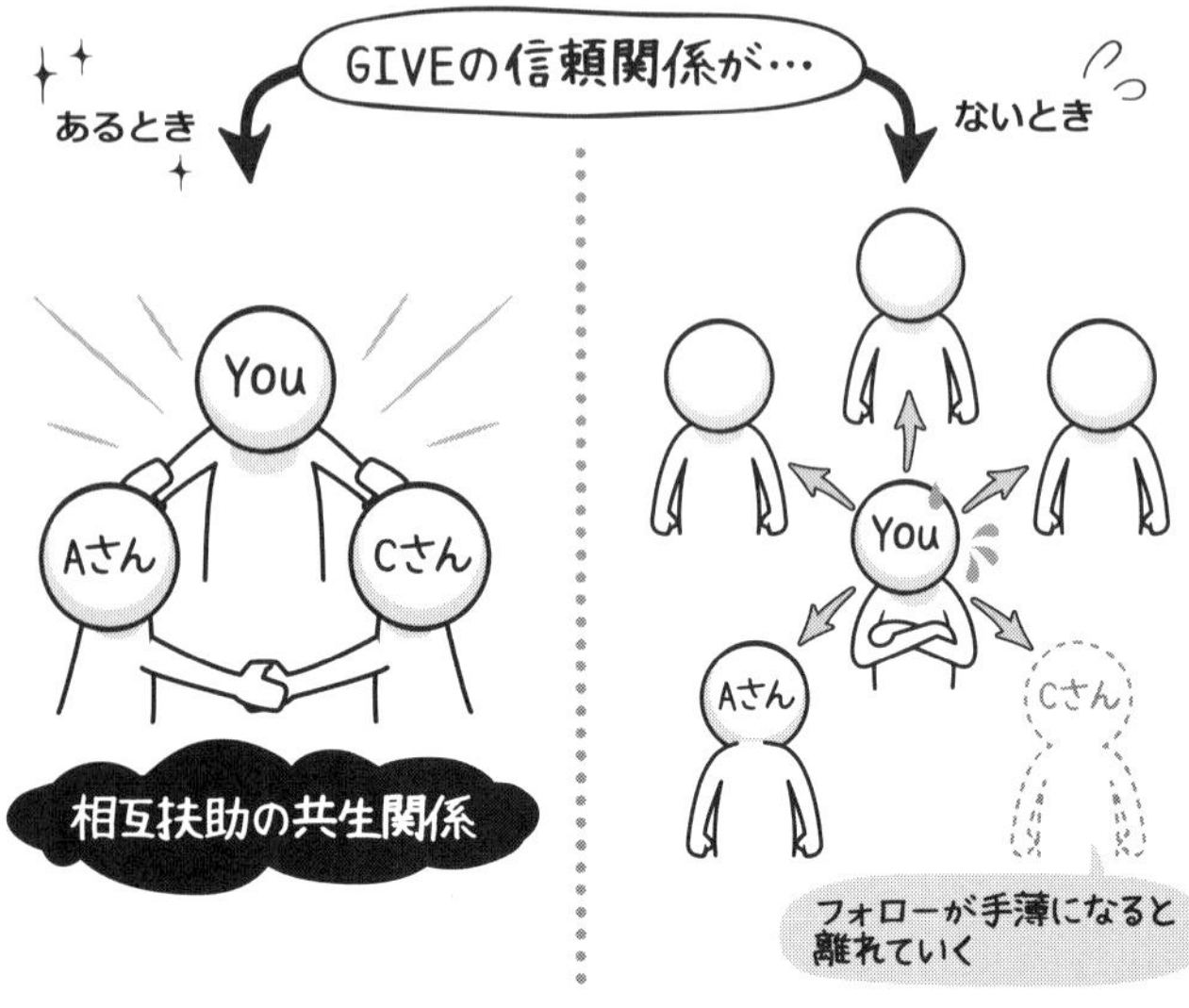
GIVEの信頼関係が…
あるとき
ないとき
You
Aさん
Cさん
相互扶助の共生関係
You
Aさん
Cさん
フォローが手薄になると離れていく

特徴があります。

まず、あなたとAさん、あなたとCさんが別々の知り合いのままだったとしましょう。Aさんと Cさんはあなたに顧客を紹介してくれるかもしれませんが、そういう関係は増えれば増えるほど、フォローすべき人数も増えていきます。あなたの存在だけが頼みの綱である人は、フォローが手薄になると離れていく可能性もあります（図表６）。

ここで重要なのは、真剣にドロ沼営業からの脱却を考えるのであれば、「ＧＩＶＥ」の基本となる「信頼関係のネットワーク」をどのように再構築したらよいのかを考え始めることです。お互いに「ＧＩＶＥ」を実践できる人同士で相互扶助のネットワークを形成することが、あなたの営業スタイルにどのような影響を及ぼすのかを考えてみてください。

ビジネスリファーラル

一方で「ＧＩＶＥ」に端を発する信頼関係に基づく紹介、推薦は、フォローにも強みがあります。あなたがAさんに紹介したCさんは、あなたとAさんの両方についてよく知っていくことになり、半共生ではなく相互扶助の共生関係が育まれていくことになるからです。

こうした信頼関係を土台にした紹介、推薦を「ビジネスリファーラル」と呼び、費用対効果に最も優れた宣伝方法であるということは、世界では多くの人の認知するところです。

インターネットで検索すると、リファーラル（referral）とは「紹介・推薦する」という意味で、社員に人材を紹介してもらう「リファーラル採用」などの言葉が挙がります。「リファーラル採用」は、企業をよく理解した社員の紹介であるため、より企業に適した人材を募集できるようになります。欧米では社員採用で重要な役割を果たしており、日本でも広まりつつある方法で、まさに社員の「GIVE」を最大限にいかす成功方程式と言えるのではないでしょうか。

さて、このように「GIVE」には幅広い効用があるものの、見ず知らずの他人への「GIVE」にはどうしても二の足を踏んでしまいます。しかし、まずは「GIVE」が課題の解決に繋がるところに注目してください。これは課題を抱えているあなたが「GIVE」を実践する、何よりも大きなモチベーションになってくれることでしょう。ビジネスリーダーの課題には、いくつかのパターンがあります。

第2章では、ビジネスリーダーにありがちな課題や悩みを紹介しながら「GIVE」がなぜその解決につながるのかについて、解説しましょう。

○実践のためのアドバイス

- 顧客との会話から、どんなニーズや課題の解決が必要とされているかを理解しよう。
- ニーズのない紹介は「リード」であり、あなたの信頼を下げる結果につながることを心得よう。
- あなたが「紹介したい」と思う人物を、必要としている人に紹介してみよう。
- 「GIVE」によって、縁の深い人間関係を広げよう。

第2章
あなたのビジネスを手詰まりにしているのは何だろう？
～経営者・リーダーが陥りがちな5つの「ドラマ」

1　ネクストステージが見えない経営者の苦悩

「ＧＩＶＥの成功方程式」を活用し「経営者が陥りがちなドロ沼」から抜け出す

「私の実力は、こんなもんじゃない」「もっともっと成功したいし、できるはずだ」

多くのビジネスリーダーは、高いモチベーションを胸の内に秘めて活動しています。手を抜いている人は1人としていません。にもかかわらず「どうしてうまくいかないのか」「やり方がわからない」など、突破口を探しているケースが多いのが実情です。

トップリーダーや経営者は孤独です。

あなたが組織に属し、経営者の元で成長途上のビジネスリーダーであれば、トップからのサポートが拠り所となるかもしれませんが、いずれビジネスを1人で牽引する立場に立てば経営者と同様、孤独に陥るのです。

例えば資金繰り、予算配分、工程管理等において、銀行、顧客、従業員に対して、リスクや弱みを見せるわけにはいかない、そんな考えが先に立ちます。そうなると「あまりうまくいっていない」と薄々感じ始めていたとしても、周囲に相談することができないのです。

かといって、自分だけで何もかもを解決するには限界が生じてきて、そのためビジネスリーダーのストレスレベルは少しずつ上がっていきがちなのです。

そうした状態を私は「経営者のドロ沼ドラマ」と名付けています。

ここで私自身の体験談を披露しましょう。

以前私は従業員数250人ほどの企業の経営者でした。私自身が立ち上げた会社ではなく義父が社長を務める会社を、4代目候補として引き継いで経営と現場を任されたのです。

その会社で私は、まるで「ドラえもんに登場するジャイアン」のようでした。ジャイアンは大声で号令をかけ、自分勝手な理由とタイミングで友だちを招集します。ジャイアンは得意顔で歌を披露しますが、友だちは聞きたくなくてうんざりしています。

私も同じで、多忙であることがデキる経営者の条件であるかのように考え、のべつ幕なし仕事を増やし「経営者としての自分をカッコよく見せること」や「できる経営者ぶりを発揮すること」に力点を置いていたのです。

しかし、後から振り返ってみるとそれは身近な人、つまり社員や家族を大切にしているとは、とてもいえない状態でもありました。空回りしてうまくいかないときでさえ､ドロ沼のドラマに酔い、自分自身の意識や行動がそのままでいいのかすら、考えてもみなかったのです。

従業員との距離がかなり開いてきているのにもかかわらず、私にはその原因がわかりませんでした。結局その企業を去り、離婚することになって、ようやく掛け違ったボタンを認識し、家庭でも会社でも組織づくりにマネジメントの剣を振りかざし、主体としてリーダーシップを発揮していなかったことに気づくことができたのです。

このように私自身が家庭も会社も「経営者のドロ沼ドラマ」にはまっていた時代があったのです。その後、私自身が「GIVEの成功方程式」を知ることとなり、視点を変えることができました。「GIVE」には、こうしたビジネスリーダーが抱える多くの課題を解決し、ドロ沼から抜け出すヒントを導き出す作用があるのです。

5つのドロ沼ドラマの正体を暴く

さて、課題を解決させたいのであれば、誰もが陥るドロ沼ドラマの正体を理解しなければ前進もありません。とはいえ、どんなドロ沼にはまっているか、自分自身で直視するのはかなり難しいものです。私自身が経験者ですから、それはとてもよくわかります。

しかもビジネスのドロ沼は、原因が相互に絡みあっているものです。混然一体となっている状態では、問題を認知できないだけでなく課題を直視することすらできません。

そこでここでは、5つの観点からドロ沼の正体を探り、どんな解決が必要なのかを紐解いていきましょう。

① 人間関係・協力体制に関するドロ沼ドラマ
② お金や経済に関するドロ沼ドラマ
③ 時間・心のゆとりに関するドロ沼ドラマ
④ 能力やスキルに関するドロ沼ドラマ

⑤　自信や確信に関するドロ沼ドラマ

ドロ沼ドラマから抜け出す第一歩は、まず自分がハマっているドロ沼そのものを見つめることから始まります。

2　5つのドロ沼ドラマ

①人間関係・協力体制に関するドロ沼ドラマ

「社員が、思い通りに動いてくれない」「なかなか成長しない」。これは、ビジネスリーダーが抱える定番の悩みです。

第1章でも触れたように、人は内発的に動機づけられて心を満たそうとして動くのであって、外的なコントロールで状況が前進することはありません。とくに中小企業の経営者は、プレイングマネジャーになりがちです。多くは売上や顧客の拡大といった成功経験があり、ビジネスを軌道に乗せるという、最初のステップはクリアしていることでしょう。そのため現場にいれば「私はこんなにやっている」という充実感や満足感はあるかもしれません。

ところが、それはあくまで自分自身が営業として、あるいは技術者として挙げてきた実績の延長線上でのことであり、チームリーダーとしての仕事とはいえないのです。経営者自身が現場の一線で頑張りすぎて、組織のビジネスの仕組みづくりができていない場合が多々あるのです。

そうした組織では、社長以外はみな従業員もしくは作業員で、幹部あるいは幹部候補が育成されていません。更なるマーケットの開拓に取り組もうとした途端「社員が、思い通りに動いてくれない」という状況を生んでしまいます。行き詰まりを感じてからでも改革をすればいいのですが、仕組みづくりの重要性に気づいていない場合が多く、それが原因で倒産の危機にさらされる企業も少なくありません（図表7）。

ではリーダーが取り組むべきことは何なのでしょう。

チームで業績を高める仕組みをつくり、実践をサポートし、組織全体を成功させることです。組織には仕組みづくりが欠かせません。中でも社内の人間関係を俯瞰し、それぞれのモチベーションを上げる仕組みづくりは生命線と言ってもいいでしょう。

こうした人に関わる仕組み、つまり人材マネジメントで「ＧＩＶＥ」が足らないと、人材はトップが期待するような働きをしません。それどころか、社内でもめ事や問題が勃発し、人材が定着せず離職者が続出して、結果的に業績悪化、企業存続の危機に繋がっていきます。組織は人でできているのです。そして、それらの人々は多様性に満ちているのです。

従業員が求めている「ＧＩＶＥ」とは

経営者が従業員に「ＧＩＶＥ」するというと、報酬、休日、福利厚生のことだと捉えられがちです。もちろん働きに見合う報酬や休日が足らないなら、その改善は必須でしょう。

しかし本当に必要な「ＧＩＶＥ」は、それぞれのニーズを満たすコミュニケーションです。それぞれのニーズを満たすから「ＧＩＶＥ」といえるのです。その逆を考えてみましょう。コミュニケーション不足のために従業員から奪ってしまっているもの、それはやる気、達成感、自尊心などです。これは「ＧＩＶＥ」とは真逆の作用と言っていいでしょう。

同じ職場で、毎日顔を合わせていると、なんとなく「うまくいっている」錯覚を起こしてしまいがちです。さらに理解不足のまま、よかれと思ってしたことが、裏目に出ることも多々あります。人間関係構築で大切にしたいと考えることは、人それぞれ。他の人が、自分と同じ価値観をもっているとは限りません。むしろ自分とは異なるという前提でコミュニケーションを取ったほうがいいくらいです。

ある社員はどんどん仕事を任せられ、叱られても奮起して試行錯誤して成功し、大きな活躍をして認められたいタイプかもしれません。別の社員は会議を予定どおり終わらせ、定時で帰って小さい子どもたちと過ごしたい願望があるかもしれません。また仲間と話し合って新しいアイデアを生み出すのが得意な人もいるでしょう。

任されたい人に新人同様の仕事しか与えなければモチベーションが下がるでしょうし、早く帰りたい人に多くを任せても、苦しむかもしれません。仲間と話し合いたい人に1人で考えさせてもいいアイデアは出ないでしょう。

かつての私は従業員の持つキャラクターやバックグラウンドを理解せずに、自分の決めたゴールを押しつけようとしているリーダーだと思われていたに違いありません。

これでは「人間関係のセンサー」が働いていない状態です。センサー不良では、思い通りに人が動いてくれないのも無理はありません。雇用関係にあるのだから、すべきことを言えばそのとおりにするのが当たり前という考え方は、マネジメントが強化されるだけでやる気のないイエスマンを生む原因にもなり得ます。多様な人材の価値を最大限に活かせる経営、1人ひとりのリーダーシップを引き出す経営、それは人材1人ひとりを気にかけてこそ実現するものであり、ボスマネジメントでは決して実現するものではありません。

「社員1人ひとりが何を考えているかなんて、わからない」「コミュニケーションには時間がかかりすぎる」という声が聞こえてきそうです。多様性のある組織は、その多様性を十分に活かす人間関係が構築されていれば、成功の幅を広げる可能性に満ちています。つまり多様性を活かせる環境づくりこそ、リーダーが果たすべき役割なのです。いわば、あなたが時間をかけただけの成果は従業員の数だけ必ず返ってくると言っていいでしょう。

ハードルの高い仕事にチャレンジしたい社員に仕事を任せれば、それは「GIVE」となり、受け取った人は2倍の働きをするものです。

早く帰りたい人に配慮すれば、その社員は効率化と生産性アップに努め、周囲にも刺激を与えるでしょう。

仲間とアイデアを生み出したい人は、仲間からより多くのアイデアを引き出して、ビジネスの可能性を何倍にもするかもしれません。

そしてそうしたコミュニケーションを見ている社員も、心の中でこう納得します。「やる気をアピールすれば、やりがいのある仕事を任せてもらえる」「家庭がどんな状況かきちんと伝えれば、その期間は配慮してもらえるから、きっとここで長く働ける」「助けのない孤独な環境ではなく、助け合いながらアイデアを出せる職場だ」。

経営者から社員への「ＧＩＶＥ」は、職場環境そのものを変えてしまう力を持っています。過去や現状を理解し合うことで承認と感謝が生まれ、ともに「ありがとう」と言い合える環境、つまりＧＩＶＥＲが集まる企業文化が醸成されるでしょう（図表８）。

ジャイアンのように、勘違いの「ＧＩＶＥ」を振りかざし、自己満足に終わっている経営者がほとんどです。「ＧＩＶＥ」が勘違いに終わらないようにするには、ちょっとしたコミュニケーションスキルが必要になります。それは、正しく相手を知るという「ＧＩＶＥ」の大前提となるスキルなのですが、これについては第５章でご説明しましょう。

あなたが幹部に「ＧＩＶＥ」できれば、幹部は自分のチームメンバーに「ＧＩＶＥ」するでしょう。さらに重要なことは、顧客、社員という人間関係だけでなく、ドロ沼の原因は意外なところにも広がっています。それは家庭や地域です。家庭や地域での幸福感なくして、ビジネスに集中できるでしょうか。家庭や地域にも配慮や気遣いに満ちたコミュニケーションが欠かせません。

「ＧＩＶＥ」はすべての人間関係の土台となってくれます。

【図表７　人間関係・協力体制に関するドロ沼ドラマ】

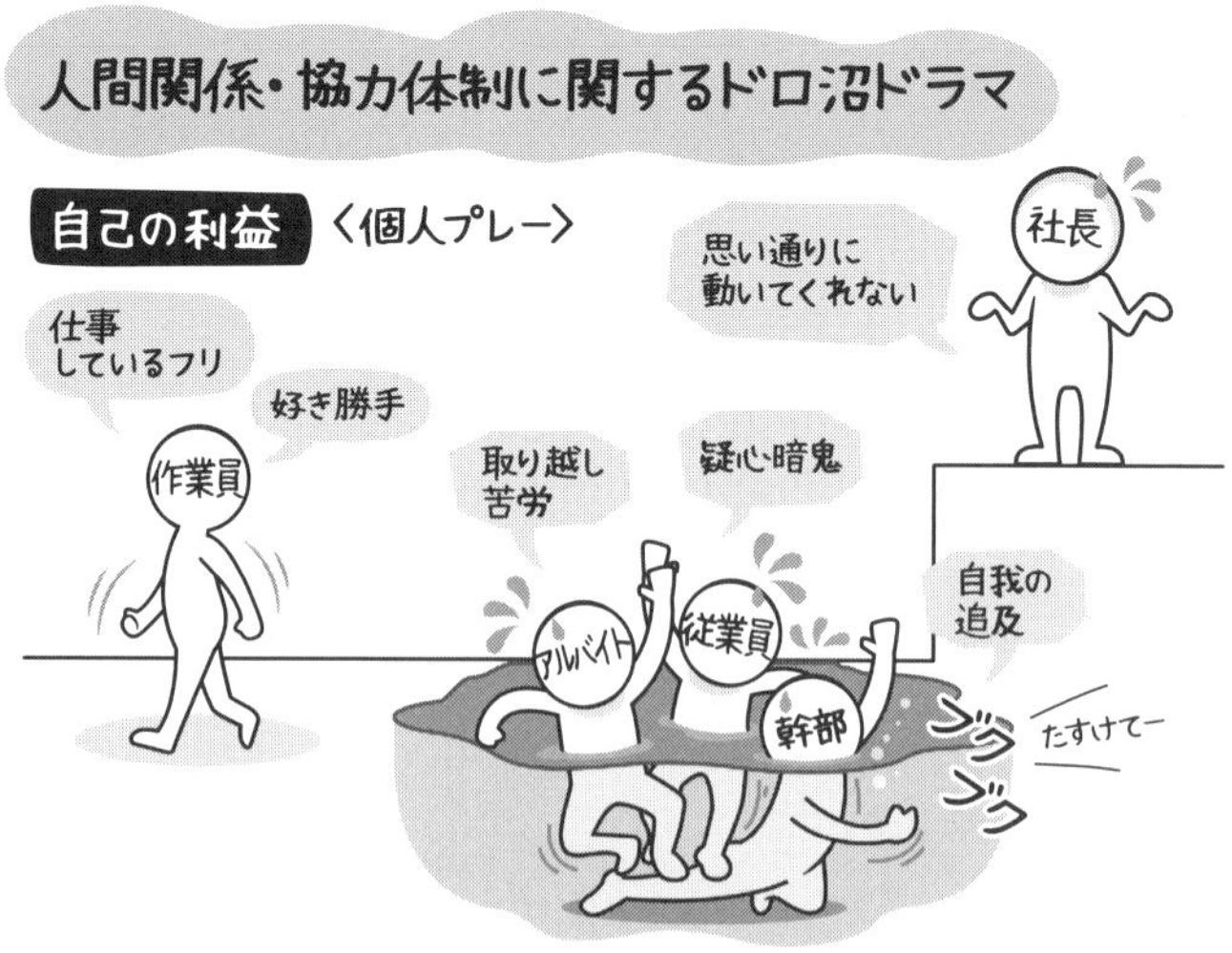

【図表８　他者への貢献〈チームワーク〉】

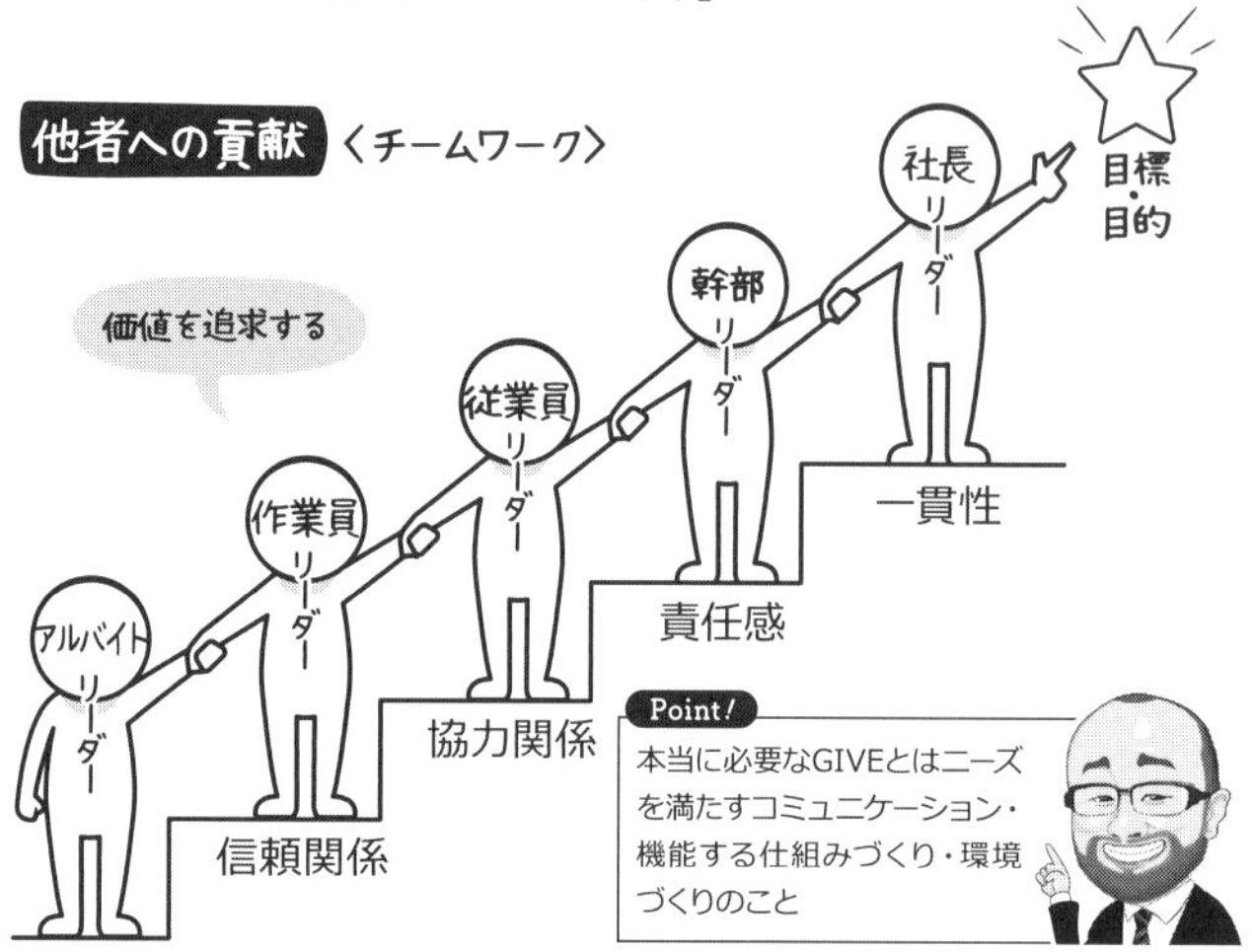

②お金や経済に関するドロ沼ドラマ

多くの経営者は「豊かになりたい、もっと儲けたい！」「自分のやり方でやれば、もっと価値をつくることができるはずだ！」という利益追求のためにビジネスをスタートさせます。ビジネスリーダーであれば、価値の対価としてのお金に関心が高くて当然です。

ところが「資金がない」「お金がない」と焦っている経営者は、そもそもお金がいくらあり、価値をどのようにつくり出しているのかを直視していない場合がほとんどなのです。

というのも「お金がない」という表現そのものが、自分自身の「ものさし」を持たず、すでに存在する「ものさし」に合わせたり、誰かと比較したりしているということの裏返しではないでしょうか。そのため何にどれだけの資金を投入すれば、どれだけの価値を生み出すのか、この経営計画がないまま焦り、また「お金がないから宣伝できない、そのせいで売れない」という考え方にも陥りがちです。お金がないのではなくて、お金を活用して利益を生み出す仕組み、つまり経営計画の中でも価値を創造するための利益計画が立てられていないのです。

多くの経営者は売上と利益という言葉の示す意味を誤解しています。手元にお金があったとしても、それを利益で持っているのか負債で持っているのか、資産の回転で生み出したものなのか労働の対価として得たものなのかを理解せずしてお金を使っているのです。

人生にとって、お金がすべてではありません。しかし、お金が人生の大切なものすべてに影響を与えるのも事実です。ですからお金に関する正しい知識と理解を持ちたいものです。

価値の創造こそが、利益率アップに直結する

ビジネスは足し算と捉えられがちですが、足し算だけで利益計画を立てようとしても無理があります。契約を増やそうとすれば業務も増えるため人件費が膨らみ、店舗を増やしてもアルバイト代などの引き算で赤字に転落すれば逆効果です。また価格競争で勝とうとすれば、ぎりぎりのコストダウンを迫られるでしょう。

こうした業務の足し算やコストカットには限界があり、業績アップが頭打ちとなるのは当然なのです。ましてや市場ニーズそのものが未知数の新規事業を無闇に足し算すれば、リスクという引き算も伴います。

利益計画がうまくいかないのは「自分たちが売りたい製品やサービス」を売り込んでいるからです。自分たちが「売りたい」「このくらいの価格をつけたい」「これだけの売上を出したい」というのは「ＴＡＫＥ」の発想でしかありません。頭打ちになりがちな業務の足し算から抜け出すには、競合と競争をするのではなく、異業種との協業で新しい領域に新しい価値を創造することが有効です。利益率の向上は足し算ではなく、掛け算によって成し遂げられるのです。

ビジネスを掛け算にするにはまず、自分が取り扱っている商品やサービスとそのターゲットを突き詰め、マーケットにおける優位性、競争力を認識することです。例えば老舗中小メーカーの製品が、そのクオリティの高さゆえに特定の顧客から支持を集めているケースはよくあります。にもかかわらず多くの場合、経営者自身がその価値を認識できていません（図表９）。

企業の使命は顧客の創造と、高いニーズが確実にある新しい価値を生み出すことです。

それには既存のものさしで競争するのではなく、同じ製品・サービスであっても、新しいものさしを自分でつくることが有効です。真のニーズはどこにあるのか、どの程度の価値が認められているのか、望ましい対価なのかなどを把握すれば、マーケットで抜きん出る唯一無二の価値を見出せます。

では、顧客ニーズはどうやって把握すればいいのでしょうか。

その最も有効な方法こそが、紹介＝リファーラルです。

「ＧＩＶＥ」の実践で発生する紹介は「売りたい製品やサービス」ではなく、第三者目線で「大切な人に紹介する価値のある製品やサービス」というフィルターがかかります。紹介される時点で価値が認められているのです。ニーズや価値は本来、顧客へのヒアリングがなければ把握できません。ところが、紹介は提供している価値を支持した第三者によって広がっていくのです。

リファーラルありきで創造する価値は、顧客から顧客へと紹介されるポテンシャルを内包していますから、抜群の競争力です。メンバーのスキルアップによって「ＧＩＶＥ」が実践されている組織ほどリファーラルが発生し、価値の把握、さらには新たなマーケットを切り拓く価値の創造を成しえます。これがビジネスの掛け算です。

またメンバー同士が協力しあいチーム力がアップすることにより、メンバーによる責任の分担が明確になされ、効率がアップするという割り算効果も高まります（図表10）。

リファーラルマーケティングについては、第４章で詳しくご説明しましょう。

【図表９　組織が価値を創造するプロセス】

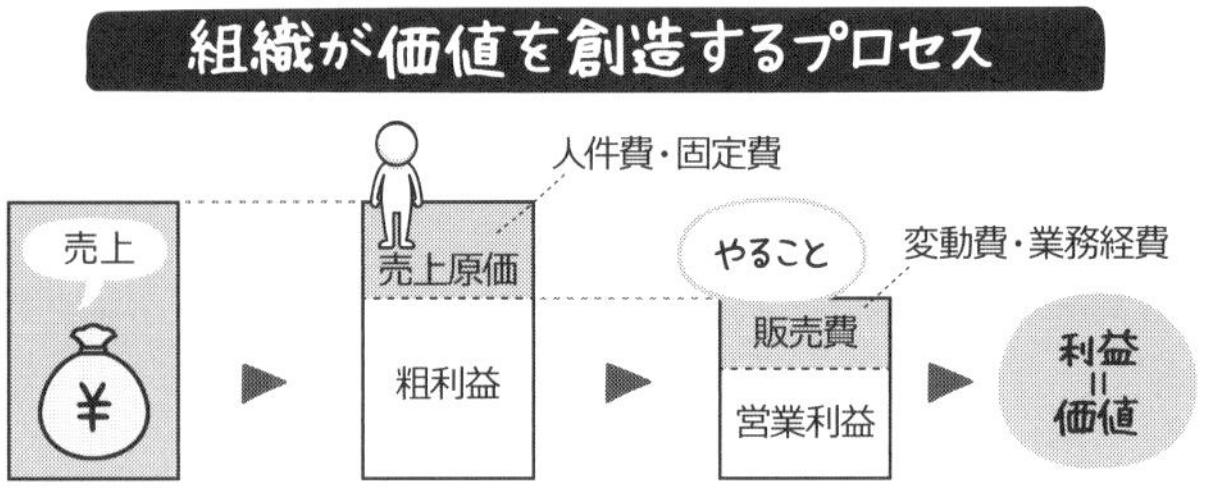

【図表 10 〈足し算・引き算〉より〈掛け算・割り算〉】

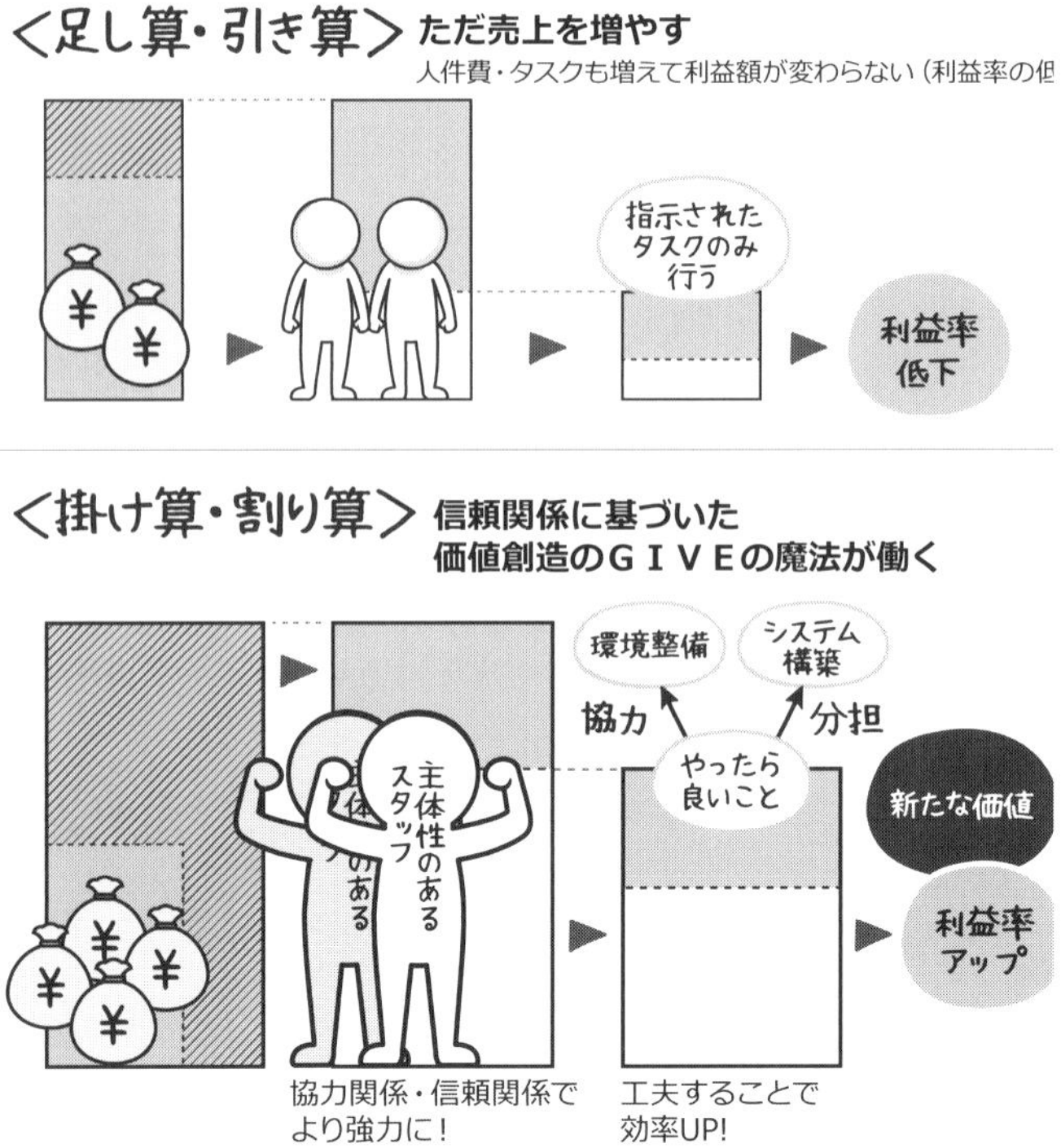

③時間・心のゆとりに関するドロ沼ドラマ

誰にでも平等に与えられているものが時間です。

コミュニケーションにも経営計画を立てるにも、時間が必要です。「時間がない」ことを手詰まりの理由に挙げる方も少なくないでしょう。この時間の使い方には、その人の価値観が映し出されているということをご存じでしょうか。

実際のところ「時間がない」のではなく、それは優先順位の付け方の問題であり、目標達成に必要のないことに時間を使ってしまっていることが原因なのです。「取り掛かる順番を変える必要がある」と考えてみてはいかがでしょうか。

個別の顧客への営業だけに追われて販売方法を構築しなかったり、個別企業から技術的な課題解決を求められて応えるのに精一杯で、全社的に技術レベルのアップをおざなりにしたりすれば、長期的な業績の向上は見込めないでしょう。

時間がないから、新規事業の開拓はできない。

時間がないから、人材の育成はできない。

時間がないから、スキルアップできない。

目の前のことで精一杯というリーダーは疲弊して、大きな目標を達成できないどころか、大きな目標を掲げることそのものが難しくなります。

この順番を変えると、どうなるでしょう。

時間をつくって、スキルアップに励もう。
時間をつくって、人材を育成しよう。
時間をつくって、新しい目標を立てよう。

こうした転換は、単にじっくりと物事を進めるべきという価値観によるものではありません。時間もお金と同様で「どんな未来を創造するために時間を使うのか」から逆算していかなければ、浪費するだけなのです。リーダーとして、組織に社会にどんな価値ある未来につくりだすのか。そのために時間をどのように効果的に投資するべきなのかを常日頃考えておきたいものです。

組織にとって目標設定は、なくてはならない命綱です。「どんな価値を創造するために働くのか」を意識せずして行動しても、成果を上げることはできないでしょう。その目標が吟味されることなく設定されたり、一部の人間だけが納得していたり、他社との差別化のないものだったりすれば、事業を軌道に乗せるのに時間がかかるどころか、いつまでたっても目標達成は見えてこないでしょう。

すべての人材が目標を十分に達成できるに足るスキルの向上、目標を理解し、自らすべき行動を導き出せるようなコミュニケーション、本当に必要な組織運営にじっくりと時間をかけてこそ、実務をスムーズに、スピードアップさせることが可能になります。

目の前の課題をスピーディーに解決するのは確かに必要です。しかし、それ以上に組織運営のための環境設定に時間とエネルギーをかけるのがリーダーの役割なのです。

時間の投資から得られる本当の価値とは

「そんな時間がどこにあるんだ」

ふと、そうつぶやいている自分に気づいたことはありませんか。

実は、不満の言葉は自分に向けられたものではなく、他者の責任にしている可能性が高いのです。

顧客に困らされてばかり。いくら言ってもスタッフが思うように動かない。そして、時間がない。

こうした場合、あなたから時間を奪っているのは、主体性の欠如からくるコミュニケーションの不足である可能性が高く、相手を変えようとすることより、自分の思考や行動のパターンを変えることで解決する可能性が大きいのです。

パラダイムシフト、つまり思考や行動のパターンを変えることは、成功方程式の基本。私はこのパラダイムシフトを重要視するがゆえに、社名にもしているくらいです。時間を効果的に使うためには主体性を持つことが非常に重要な要素であり、ドロ沼ドラマから抜け出す始めの一歩となります。

時間の投資には「ＧＩＶＥ」の成功方程式が大きく働きます。実は、先に自身のスキルアップをし、次に社内の環境を整え、人材を育成する。このように社員への「ＧＩＶＥ」を実践した経営者は、効率的かつ効果的に新規事業の開拓ができ、それを業績アップに繋げているのです。

業務の足し算や新規事業の開拓には、生産性の低い時間を投入する可能性が高くなります。顧客のフォローに費やす時間、新規事業のアイデアを出す時間、形になるまでの時間などです。それに

【図表 11　優先順位を決める】

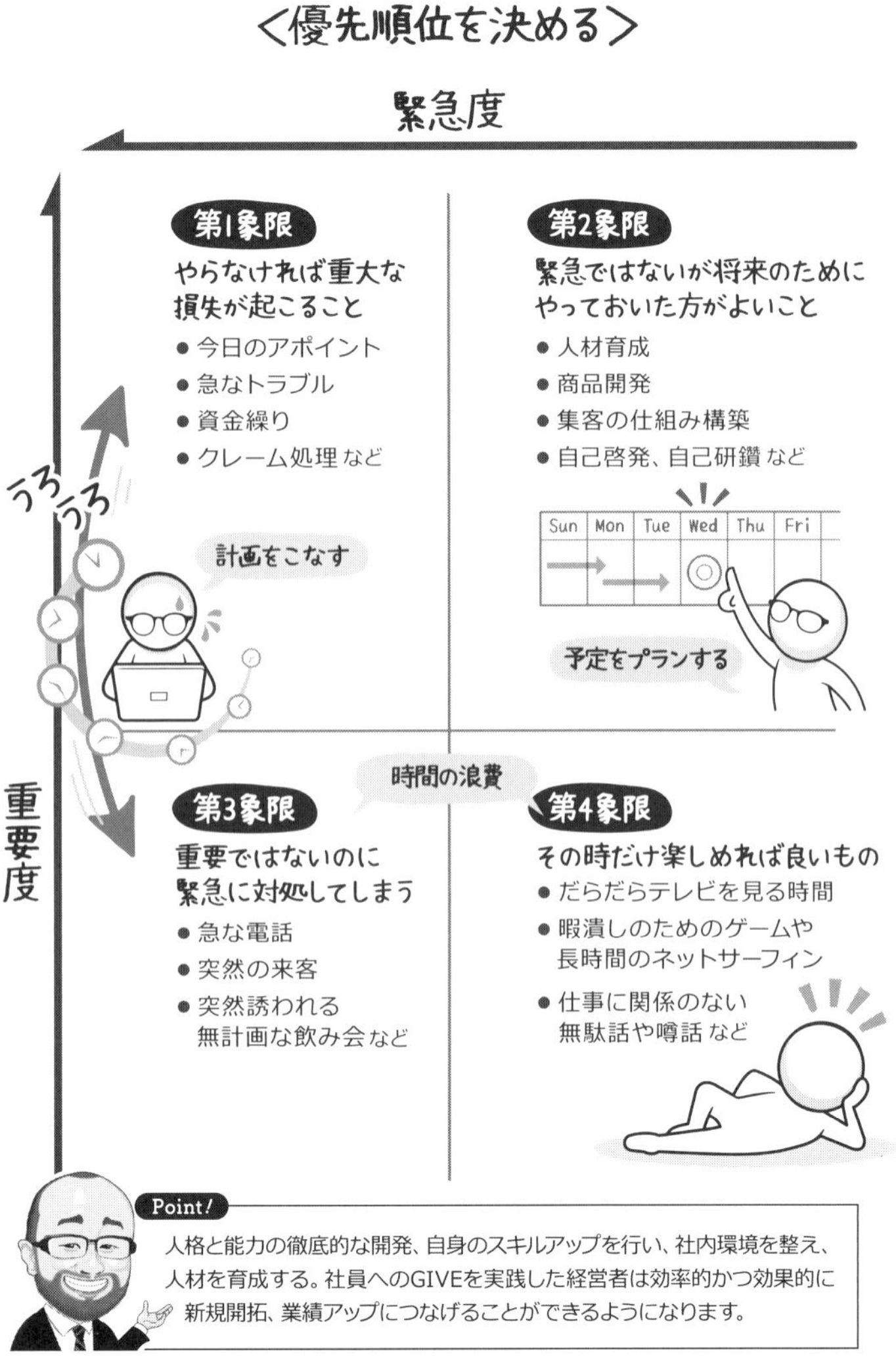
<優先順位を決める>
緊急度
重要度
第1象限
やらなければ重大な
損失が起こること
● 今日のアポイント
● 急なトラブル
● 資金繰り
● クレーム処理 など
うろうろ
計画をこなす
第2象限
緊急ではないが将来のために
やっておいた方がよいこと
● 人材育成
● 商品開発
● 集客の仕組み構築
● 自己啓発、自己研鑽 など
Sun Mon Tue Wed Thu Fri
予定をプランする
時間の浪費
第3象限
重要ではないのに
緊急に対処してしまう
● 急な電話
● 突然の来客
● 突然誘われる
無計画な飲み会 など
第4象限
その時だけ楽しめれば良いもの
● だらだらテレビを見る時間
● 暇潰しのためのゲームや
長時間のネットサーフィン
● 仕事に関係のない
無駄話や噂話 など
Point!
人格と能力の徹底的な開発、自身のスキルアップを行い、社内環境を整え、
人材を育成する。社員へのGIVEを実践した経営者は効率的かつ効果的に
新規開拓、業績アップにつなげることができるようになります。

見合う価値を生み出せるかどうかは未知数にもかかわらず、そこにリーダー自身がすべて関与すると、時間がなくなるのは当然のことです。

「ＧＩＶＥ」を社内で実践してコミュニケーションをスムーズにすれば、人の時間を使うことができるようになります。社員の成長を促し、リーダーが逐一指示をしなくても、目標を共有できるチームに育ち、チーム全体で成果を出すに至ります。掛ける労力は半分、成果は二倍以上になるのです。

また社外で「ＧＩＶＥ」を積み重ねることで紹介が増えれば、ニーズにそった新規開拓が可能になります。リアルタイムでニーズを吸収しながらチームで切磋琢磨してこそ、時代にあったスピーディーなビジネスが立ち上がるのではないでしょうか（図表11）。

④能力やスキルに関するドロ沼ドラマ

人の持つ能力やスキルは、いつどこで開発され、磨かれ、発展していくのでしょうか。

遺伝的に決定される視覚・聴覚・臭覚などの感覚の程度や動体視力や空間認識力などの生理学的な違いはあるものの、先天的な資質としての能力や後天的に開発されるスキル等があります。

能力やスキルは目の前の仕事だけでなく、スキルアップのトレーニングと実践によっても培われます。現場の仕事についてはプロであるリーダーも、リーダーになってしばらくは、まだまだリーダーとして半人前なのです。とはいえ、リーダーとして状況をマネジメントする必要に迫られるためマネジメントに関する本では、多くの場合、様々な管理のやり方や管理のためのスキルが取り上げられています。たしかにこうしたことも大切ですが、実際にはリーダーにとって最も大切なのは、一緒に働く他の人を効果的に動機づけるスキルと対人関係を良好に保つ能力です。

アマチュアリーダーは、ややもすると自分だけの成功しか見えず、部下に任せられず、ついついすべてを自分でやってしまうという現象に陥りがちです。さらに組織の全体像や方向性が見えていないと、自分の言いなりに動く兵隊ばかりを傍に置くようになります。自分より優れていてイエスマンにはならない人は周りからいなくなり、結果的に、チャレンジのない小さなビジネスから抜け出せなくなってしまうのです。

自分より優れた人材を巻き込んで大きなビジネスをしないと、大きな成功もありません。多彩な人材を数多く巻き込めるシステム、仕組み、環境こそが成功に繋がります。

多くの経営者やビジネスリーダーは「私が自分でやったほうが、正確でスピーディーだ」と勘違いしています。また胸の内で「私より秀でている人は誰ひとりいない」と思い込んでいたいものです。これがまさに、リーダーが陥りやすい能力やスキルに関するドロ沼ドラマで、組織構築の足かせとなっている主な要因でもあります。

能力の有無を具体的に示すものは何でしょうか？　どんなスキルを積んでいても、人をまとめることができないうちは、リーダーとしての資格を得ることはできません。

多様な能力を活かすことこそ、リーダーの才覚です。

⑤自信や確信に関するドロ沼ドラマ

「ドロ沼ドラマ」は文字通り、掴みにくく、手応えのないものです。これまで並べてきたコミュニケーション、お金、時間、能力といったキーワードも、実体があるようで見えにくいものばかりです。経営者の会話、ドラマのラストを飾る「自信」は、そうした掴みどころのないものの最たるものでしょう。

情報やお金が継ぎ目のないネットワークで結ばれ、バーチャル世界での国境はもはやなくなったといっても過言ではありません。言語の壁、人種の壁、様々な壁は以前より低くなり、お互いが影響を受けやすい関係になってきています。そのような状況下にあって、情報化によって大量の情報が流れてくるため、ビジネスでは組織の下層に位置する人だけではなく、上層部にポジションを持っている役員クラスの経営者でさえも、多くのやること、例えばメールのチェックから始まり、意味のない会議、きりのない権力闘争や派閥争い、政治的な加担などを強いられるなど、エゴの張り合いに疲れ切っています。以前ほど気分よく仕事をすることができずに、古いパラダイムの限界を誰もが感じ始めていると思います。

しかもSNSでの評判のような一夜にして得られる自信は目立つものの、その分、一夜にして失われる可能性が大きくなってきているのも事実です。

自信とは、成功習慣を身に付けることです。この成功習慣は、自分1人で成功を収めようとすると、たちまち破綻してしまいます。「自分のことしか考えていない人」の成功に、誰も協力したいとは思わないからです。さらに成功を手に入れたい他者は、あなたとパイの取り合いを繰り広げるかもしれません。

でも「ＧＩＶＥ」を実践している経営者が、成功習慣を身につけようと努力しているとしたら？誰もが協力するはずです。それもそのはず、この成功習慣こそが「ＧＩＶＥ」であり、周囲にも豊かな貢献をもたらすものだからです。

そして自信とは、自分と向き合い、器を広げることです。

かつて私は経営を教わることも学ぶこともなく経営者となり、２５０人ほどの社員を束ねる立場になりました。自らが立ち上げたわけでもなく、婚家の跡継ぎとして経営を受け継いだのです。仕組みをつくれないまま、仕組みづくりの必要性を認識することもできないままでした。

器を広げるために大切なこと、それはまず学ぶことです。知識を蓄えれば周囲への接し方も変わり「ＧＩＶＥ」できることの幅も増え、与える中身の濃さも変わってくるでしょう。スキルアップによって貢献する頻度も増やすことができ、具体的な「ＧＩＶＥ」の実践による学びは、周りの人々によい影響を与え、着実に自分自身をステップアップさせてくれるでしょう。

そして器を広げるために忘れてはならないのは、自分をよく知ることです。狭い範囲でしか自分を見つめていない人は、相手についても狭く見ることしかできないからです。

人と人の影響力は互いにとても大きいものです。「ＧＩＶＥ」で関係を構築した仲間同士は成長意欲旺盛なもの同士、シナジー効果を発揮します。あなたに影響を与えてくれる人もいれば、あなたが影響をもたらすことのできる相手もいるでしょう。

「ＧＩＶＥ」で関係を構築したビジネスリーダー仲間は、あなたに感謝しているはずです。そして信頼、感謝の数が自信の指数を上げてくれることでしょう。

これは「ＧＩＶＥの成功方程式」がもたらす最も大きな効果の１つなのです。

自分事か他人事か

さて５つの「ドロ沼ドラマ」は、はたしてあなたにとって「自分事」だったでしょうか、それとも「他人事」でしたか。

何かを変えたいと強く思ったときに重要なのは、自らが認識することです。おそらく現実をしっかりと見つめ、認識さえできれば「ドロ沼ドラマ」の主人公で居続けるという選択はないでしょう。少なくとも私は「そうありたくはない」と強く願うことができました。

認識という第一歩を踏み出すことができれば、次のステップは「小さな快楽」を手放せるかどうかです。うまくいかないのは自分の責任ではなく、「社会のせいだ」と考えているうちは「小さな快楽」を手放せていません。「私は頑張っているが、評価するのは他人だし、周囲が足を引っ張っている」と考えるほうが楽ですし、悲劇のヒーローのような快感もあり、現状維持のままでしょう。

「小さな快楽」を手放すことができたら、次は「大きな苦痛」との戦いです。人は反応的に痛いものが嫌いです。しかし「ドロ沼ドラマ」は主体性を持って手放さないかぎり、いつまでも付きまといます。私の場合は認識できた「ドロ沼ドラマ」を清算しようと決意して、やっと「他人のせいにしている自分」に気づくことができました。自信がないのは、自分の行動や起こっている現実に責任を持っていない証拠です。唯一無二の自分を、自分自身が信じることができなければ、永遠に誰も変えてくれることはないでしょう。

私はこう考えるようにシフトしました。「私は主体性を持った人間だ。すべてを自分が牽引しているし、自分の行動の責任者だ。人のせいにしないという、新しい主体的な行動を選択しよう」

不思議なことに、そう考えるようになると、周囲からの協力が得られやすくなりました。そもそも人間は、生まれようと思って生まれてはいません。あらかじめ存在する社会に生まれ、周囲から助けられて生きられます。とはいえ、助けてもらって当然という考え方では、助けを得られないでしょう。自分を認め、相手を認め、主体性を持って、相手に感謝ができる、そういった関係を構築しながら、人との交わりの中でこそ、ビジネスと人生を広げていくことができるのです。

○実践のためのアドバイス

・あなたが陥っているドロ沼ドラマの正体を分析してみよう。
・ドロ沼ドラマから本当に抜け出したいのか、自問自答してみよう。
・主体的に新しい行動を選択することができれば、必ず人は変化することができる。
・あなた自身が自信と責任を持って「ＧＩＶＥ仲間」を増やそう。

第3章
「GIVE」が突破口になる、これだけの理由
～私が実感してきた「GIVE」の成功方程式

1 「ＧＩＶＥ」の第一歩に必要不可欠なものとは

自己紹介は「ＧＩＶＥ」の大前提

ドロ沼ドラマから抜け出すために、最初にすべきことは何でしょうか。

もしあなたがコミュニケーション、お金、時間、能力、自信、すべてに不足を感じていたとしても、あなたにできる主体的な「ＧＩＶＥ」が確実にあります。

それは、あなた自身の情報を開示することです。情報の開示というと堅苦しいですが、まずは、いわゆる自己紹介がそれに相当します。

自己紹介がコミュニケーションに有効なのは説明するまでもありません。お金が絡む融資、契約も、あなた自身について知ってもらわずして、信用を勝ち取ることは難しいでしょう。また、あなたという人間を十分に知ってもらっていれば、コミュニケーションに余計な時間はかかりません。相手が望んでいる能力も、自己紹介で伝わります。そして自信。ここがとても重要です。

よく知らない相手から「何かお手伝いしましょうか」「誰かご紹介しましょうか」と言われても、大半の人が難色を示すのではないでしょうか。

人はよく知っている相手からの「ＧＩＶＥ」を喜んで受け取り、感謝します。あなたも自分をよりよく知ってもらい、同時に相手のことをよりよく深く知っていれば、自信を持って「ＧＩＶＥ」

ができるはずです。

自己紹介は「ＧＩＶＥ」の第一歩であると同時に、コミュニケーション、お金、時間、能力、自信、すべてのドロ沼から抜け出す第一歩なのです。

頭の中の自己紹介をワークシートに落とし込む

ここに私がトレーニングなどで用いたワークシートに、私自身について書き入れた略歴があります。ビジネスリーダーのあなたが私について知ろうとしているタイミングなら、経験した職業の欄に注目するでしょうし、接点も見えてくるかもしれません。更に趣味、人脈の欄などをご覧いただければ、私のキャラクターを何となくおわかりいただけることでしょう。

このワークシート、裏面は日本経済と世界経済の年表に対応しています。私の略歴とは接点があまりない方も「大学時代にベルリンの壁が崩壊して」「独立開業を果たした頃は民社党政権で」などという話になると「同じ頃、私はこうしていましたよ」などと、共通の話題が見つけやすくなるはずです。

書面に書き出していくことは「ＧＩＶＥ」の第一歩として、とても有効です。自分自身が忘れていたこと、あまり詳しく話してこなかった事実が、人によってはとても興味深い話題というのは、よくあることだからです。興味の矛先は、人によってかなり幅があり、あなたとタイプの違う人の興味の対象は、あなたと１８０度違うかもしれません（図表12・13）。

【図表12　ワークシート表面（略歴・自己紹介）】

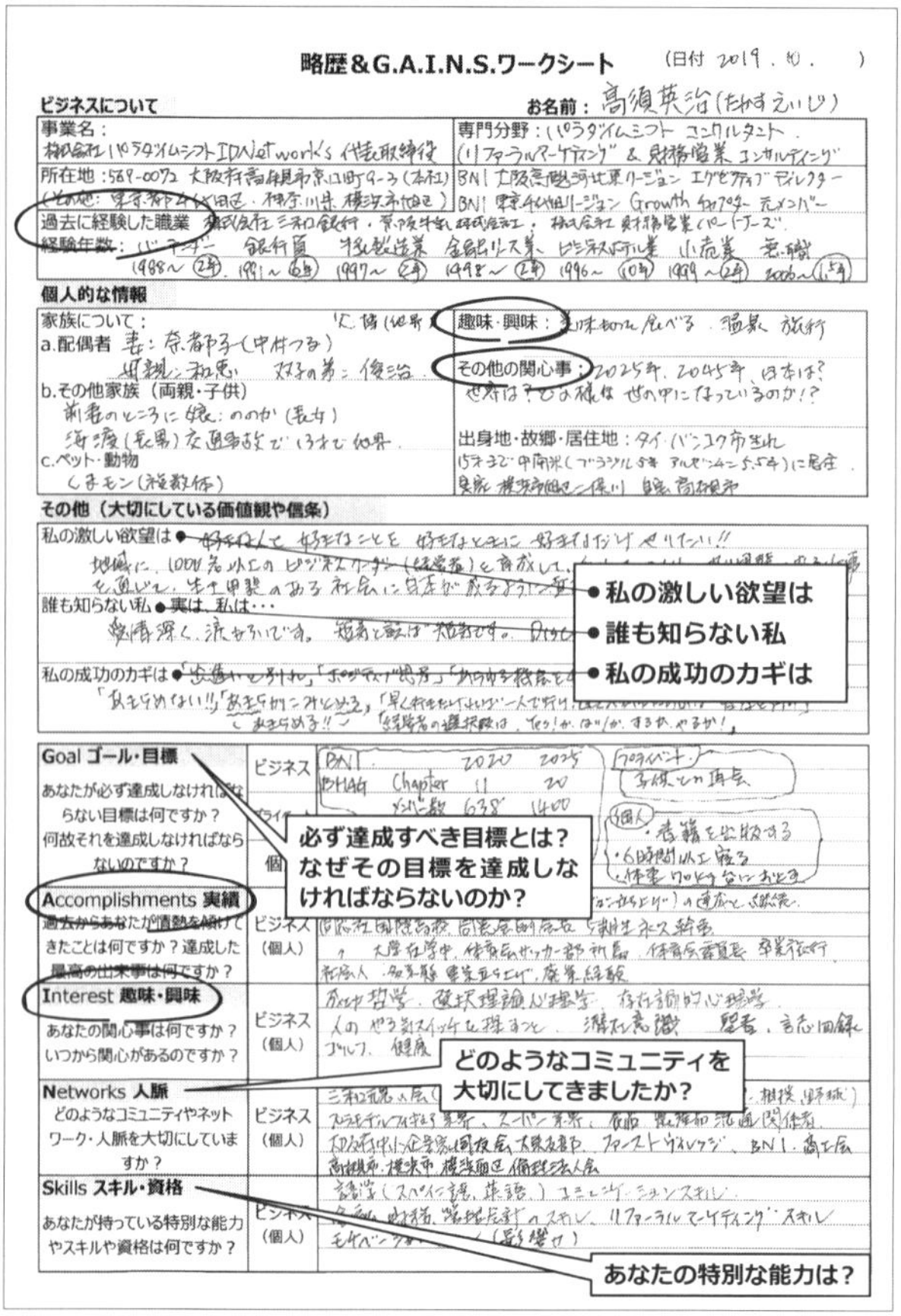
略歴＆G.A.I.N.S.ワークシート　（日付 2019．10．　）

ビジネスについて　お名前：高須英治（たかすえいじ）

事業名：株式会社パラダイムシフトIDNetworks 代表取締役
専門分野：パラダイムシフトコンサルタント、リファーラルマーケティング＆財務営業コンサルティング

所在地：569-0072 大阪府高槻市京口町9-3（本社）
BNI 大阪高槻南北摂リージョン エグゼクティブディレクター

過去に経験した職業
経験年数：

個人的な情報

家族について：
a.配偶者
b.その他家族（両親・子供）
c.ペット・動物

趣味・興味：
その他の関心事：2025年、2045年、日本は？
出身地・故郷・居住地：タイ・バンコク市生まれ

その他（大切にしている価値観や信条）

私の激しい欲望は●
誰も知らない私●実は、私は・・・
私の成功のカギは●

Goal ゴール・目標
あなたが必ず達成しなければならない目標は何ですか？何故それを達成しなければならないのですか？
ビジネス
個人

Accomplishments 実績
過去からあなたが情熱を傾けてきたことは何ですか？達成した最高の出来事は何ですか？
ビジネス（個人）

Interest 趣味・興味
あなたの関心事は何ですか？いつから関心があるのですか？
ビジネス（個人）

Networks 人脈
どのようなコミュニティやネットワーク・人脈を大切にしていますか？
ビジネス（個人）

Skills スキル・資格
あなたが持っている特別な能力やスキルや資格は何ですか？
ビジネス（個人）

Point!

メンバー略歴シートは会話をスタートする際に効果を発揮します。具体的に書くことにより相手との共通項（点）を探す助けになり、信頼関係を構築する第一歩となります。なぜなら、相手の考えやバックグラウンドを知ることから価値観を交換したり共有したりすることができるようになるからです。「誰も知らない私」は2人で笑いそしてお互いのことを記憶する助けになるでしょう！

【図表 13　ワークシート裏面（年表）】

高須英治の年表

西暦	和暦	年齢	世界経済	日本経済	仕事・事業	環境
1968	S43	0		三億円事件	タイ国バンコク市で父博母和恵の双子の長男として誕生（弟俊治）	
1969	44	1	月面着陸	いざなぎ景気・GNP世界第2位		
1970	45	2		大阪万博		
1971	46	3	ニクソンショック	株価大暴落・変動相場	ミカ幼稚園	ブラジル国サンパウロ市
1972	47	4		日本列島改造論		
1973	48	5	第4次中東戦争	第1次石油危機		
1974	49	6		戦後初のマイナス成長		
1975	50	7	ベトナム戦争終結	沖縄海洋博	サンパウロ日本人学校	
1976	51	8	文化大革命終結	ロッキード事件	東中野小学校/池山小学校・旭小学校	東京都中野区/世田谷区・神奈川県横浜市
1977	52	9				
1978	53	10			ブエノスアイレス日本人学校　小学部	アルゼンチン国ブエノスアイレス市
1979	54	11	ソ連アフガン侵攻	第2次石油危機		
1980	55	12	イランイラク戦争勃発	高金利（公定歩合9%）		
1981	56	13	レーガノミクス新自由主義経済	神戸ポートピア博・日米自動車貿易摩擦	ブエノスアイレス日本人学校　中学部	
1982	57	14	フォークランド紛争	世界同時不況		
1983	58	15	大韓航空機墜落			
1984	59	16			同志社国際高等学校	京都府綴喜郡
1985	60	17	プラザ合意（ドル安へ）	円高不況・海外進出増加		
1986	61	18	チェルノブイリ原発事故	1ドル280円→150円・金利引き下げ	運転免許取得	
1987	62	19	ブラックマンデー	バブル景気・地下株価高騰・国鉄民営化	同志社大学商学部	京都府城陽市
1988	63	20	イランイラク戦争終結		同志社大学体育会サッカー部	
1989	H1	21	ベルリンの壁崩壊・天安門事件	消費税3%導入・日経平均39,000円・3K職場が流行語候補	同志社大学体育会本部渉外担当	京都市上京区
1990	2	22	湾岸危機		同志社大学体育会委員長	
1991	3	23	ソ連崩壊・湾岸…		三和銀行　梅田支店	大阪府高槻市
1992	4	24	EU結成	低金利時代	財団法人　日本スペイン協会	
1993	5	25	欧州通貨危機	55年体制崩壊・円高時代	三和銀行　城東支店	大阪市中央区
1994	6	26	中華航空機墜落事故	1ドル100円割れ・関空開港	三和銀行　資本市場本部(東京)	
1995	7	27	Windows 95発売	阪神淡路大震災・地下鉄サリン事件・1ドル80円	三和銀行　証券営業部(東京)	東京都世田谷区　結婚
1996	8	28	ペルー日本大使館人質事件	金融ビッグバン	京阪牛乳　牛乳製造部	大阪府寝屋川市　長男海人誕生
1997	9	29	京都議定書・アジア通貨危機・香港が中国に返還	消費税5%・神戸連続児童殺傷事件・たまごっちブーム	京阪牛乳　ホテル事業部	
1998	10	30	ロシア通貨危機・サッカーワールドカップ初出場	和歌山毒物カレー事件・金融再生関連法の成立・拓銀・山一破綻	京阪牛乳　テレビリース事情部	
1999	11	31	ユーロ誕生・米国ITバブル・マカオ中国に返還	「だんご3兄弟」大ヒット	京阪牛乳　売店事業部	
2000	12	32	ITバブル崩壊・石油高騰	金融再編・二千円札発行	京阪牛乳　牛乳製造部廃業	大阪府寝屋川市　長女ののか誕生
2001	13	33	NY同時多発テロ	IT不況・小泉構造改革・附属池田小事件	京阪牛乳　ネットワークビジネス事業部	
2002	14	34	ソルトレイクシティオリンピックが開催・EU圏内で新通貨ユーロに完全統合・イラク侵攻	拉致被害者5人が帰国	京阪牛乳　事業統括部長	
2003	15	35	イラク戦争勃発・自衛隊イラク派遣始まる	日経平均7,600円・阪神が18年ぶりにセリーグ制覇・個人情報保護法成立		
2004	16	36	スマトラ沖地震（インド洋大津波）	新潟中越地震・年金未納問題		実父博他界
2005	17	37	中国反日運動・ロンドン同時多発テロ	日本人口減少・JR福知山線脱線事故		
2006	18	38	北朝鮮によるミサイル発射実験	ライブドアショック	財務営業パートナーズ	神奈川県横浜市　離婚/再婚
2007	19	39	米国サブプライムローン問題	郵政民営化・日経平均18,000円・トヨタ世界一	財務営業パートナーズ　営業本部長	
2008	20	40	リーマンショック・オバマ史上初の黒人大統領就任	秋葉原通り魔事件		
2009	21	41	GM破綻	民主党政権・日経平均7000円・有効求人倍率0.4・裁判員制度開始	パラダイムシフト　代表取締役	長男海人13歳と14日で他界
2010	22	42	ギリシャ財政危機	尖閣問題・JAL経営破綻		
2011	23	43	アラブの春・中国GDP世界2位（日本3位）・タイ大洪水	東日本大震災・原発電力問題・サプライチェーン問題・貿易収支31年ぶり赤字・円高1ドル75円31銭を記録・九州新幹線	BNI Growth チャプター 20111018初回定例会参加日	
2012	24	44	チャイナプラスワン・中国反日運動	自民党政権・東京スカイツリー開業・新東名高速道路開通	VP（201204～09）34→69 EDプログラム開始（201210～）	
2013	25	45	タイ反政府デモ	アベノミクス3本の矢・円安1ドル120円・株高電気ガス高騰・富士山世界文化遺産登録	くらわんかっ！・ドンジュスト Growth退会（～201203） ナインダーツ	大阪府高槻市
2014	26	46	タイ軍事クーデター・中国経済減速	輸出大企業好決算・有効求人倍率1.0超・消費税8%・あべのハルカス開業	FourEdge・God Bless BNI大阪高槻河北東リージョンEDに就任（20140901～）	
2015	27	47	資源安	アベノミクス新3本の矢・マイナンバー制度		
2016	28	48	英国EU離脱選択・トランプ氏勝利・タイ国王逝去・韓国大統領訴追	熊本大震災・自動車業界再編・鴻海がシャープ買収・マイナス金利政策	GlobaL	
2017	29	49	第45代トランプ米国大統領誕生・北朝鮮11回のミサイル実験	藤井聡太四段の快進撃・森友学園問題で忖度が流行語大賞	God Bless停止・GlobaL閉鎖・BNI ED会議議長	
2018	30	50	米朝首脳会談シンガポールで実現・カナダで大麻解禁	大相撲貴乃花部屋の暴行問題・日大アメフト問題・西城秀樹さん逝く	SUBARU内海DC立ち上げ・くらわんかっ！チタン達成・BNI 関西DISTプレジデント・FABメンバー	
2019	R1	51	米朝首脳会談ベトナムで開催・仏ルノーがゴーン会長解任・ノートルダム大聖堂の大火災	豊洲市場開場・イチローが現役引退・はやぶさ２「りゅうぐう」着陸成功・京都アニメーション放火殺人事件・台風19号の猛威	くらわんかっ！ダイヤモンド達成	
2020	2	52				

ベルリンの壁崩壊

Point!

相手のバックグラウンドを良く理解し、これらを効果的に活用することができれば、信頼関係を構築することができます。
深遠で強力な人間関係を構築することができれば、より強固な組織をあなたは築くことができるでしょう。

書面にまとめ「見える化」することで、あなたが伝えたい情報だけでなく、多彩な角度からプロフィールを用意する。これが「ＧＩＶＥ」の第一歩です。

社外の交流会やセミナーでは、初めての人と会話することも多いため、こうしたワークシートの作成によって話題の糸口が見えてきやすくなるメリットを、理解していただきやすいでしょう。実は案外見落とされがちなのが、あなたをすでに知っている人への「ＧＩＶＥ」です。

あなたが率いるチームのメンバーや家族は、あなたのプロフィールや胸の内を、よく知っていると思いますか。例えばあなたの目標を知っていますか。大切にしていることを家族と語り合ったことはありますか。周囲がわかっていないと感じたときに「いちいち言わなきゃわからないのか！」と心の中で叫んだことが少なくないのではないでしょうか。

わかりあえていないがゆえに、自分自身の情報を開示しきれていなかったがゆえに、職場や家庭で人間関係にヒビが入ったという経験者を、私は何人も知っています。

つまり、相手にわかりやすく伝えようとする意識、意欲、努力そのものが「ＧＩＶＥ」なのです。この章では私の経歴を紹介しながら、情報の開示が「ＧＩＶＥ」に繋がり、ビジネスが好転していくという私自身の体験をお伝えしましょう。

履歴書には書かれることのない、その人の原点

トレーニングなどで使用しているワークシートには、職務経歴書や履歴書に記載するような内容

よりも、ずっとプライベートに踏み込んだ内容を、生まれた時点まで遡って記載できるように設定していいます。「そこまで遡って個人情報を開示する必要はあるのだろうか」と疑問を持たれる方もいるかもしれません。

人は育ってきた環境に大きく影響されます。子ども時代について知らせるということは、人としての土台をどうやって形成してきたかを開示するのに有効です。裏返せば、それを開示するには、子ども時代について知らせるしかないとも言えます。

人が社会に馴染んで生きるために欠かせないキーワードが２つあります。それは「親和性」と「制御」です。

「親和性」は馴染み、相性のよさ。人と人との距離感のことです。べったりするのが好きな人と、ほどほどの距離感がある方が好きな人がいる、という風に捉えるとわかりやすいでしょう。

「制御」とはコントロールのことです。何が何でも自分自身が状況や相手をコントロールしたい人と、誰かにコントロールされても構わない人がいるということです。

人が２人以上になると、１人でいる場合にはなかった関係性を築くことになります。その際に言動や態度に現れる「親和性」と「制御」は、人によって全く異なるのです。

そうした「親和性」と「制御」を人が体得する場は、まぎれもなく育ってきた環境でしょう。どのような人たちの中で日常を過ごし、どのような教育を受けてきたかによるというわけです。

もし、私がこれまで過ごしてきたバックグランドとは異なる環境に身を置いていたら、どんな人になっていたでしょうか。おそらく別人です。

あなたは大切な人、自分についてどうしてもわかってほしい相手に自分自身のことを語るとき、おそらくそれは恋人や家族だと思いますが、子ども時代のこと、どんな風に育ったか、語らずにはいられないでしょう。それは懐かしいからとか、昔話が面白いからといった単純な動機に留まらないのです。

あなたのバックグラウンドは、今のあなたを形成している、とても重要なファクターだからです。例えば、出身地の都道府県、郊外か都心か。それだけでも、子ども時代を振り返ったときの原風景は、完全に人それぞれ異なってきます。

私の場合は日本ですらありません。

2 著者の履歴「GIVE」を実感するまで

スーパーサラリーマン経営者の息子として、海外で生まれる

私は1968年、日本ではなくタイのバンコクで生まれました。父親は昭和一桁生まれの企業戦士で、スーパーサラリーマンでありスーパー経営者でした。バンコクで生まれたのも父の仕事の関係です。母親は、父親とは年齢がひと回り離れており、物怖じしない芯の強さを持ち、活発で好奇心旺盛。英語が堪能な海外志向の女性でした。

父親の海外勤務は長く、私は幼少の頃から15歳までの多感な時期を、ブラジルとアルゼンチンで過ごすことになります。アルゼンチンは軍事政権下で、イギリスとの間にフォークランド紛争（1982年）が勃発するなど、不安定な時期でした。

大手商社勤務だった父親は当時、南アメリカ法人の社長。覚えているのは、とんでもなくゴージャスな生活です。メイドさん3人、運転手さん2人、私設警官まで雇っていました。バスタブ付きのトイレが5つ、普通のトイレが2つ。子ども部屋は20畳ほどあって、専用のトイレとバス付きでした。

日本で働くビジネスリーダーで、私と同じ出身地の人はあまりいないと思います。同郷ならではの盛り上がりは得られにくい半面、多くの人に興味を持っていただける珍しいプロフィールといえるかもしれません。しかもこの環境は、私の人生観に大きな影響を及ぼすことにもなります。

とはいえ、同じ環境で幼少期を過ごした兄弟でも、キャラクターが異なるというのはよくある話で、私の場合も例にもれません。

実は私は一卵性の双子の長男です。

双子である私と弟に、両親は分け隔てなく、服、靴、カバンはもちろん筆箱に至るまで、同じものを買い揃え、平等に愛情を注ぎ育ててくれました。しかし双子とはいえ、異なった環境に進学し、受ける影響が違ってくれば、キャラクターも変わってきます。

私たちは15歳まで同じ環境で育った後、それ以降、全く別々の環境で生活することになりました。

私は帰国と同時に自由主義・自主自治・キリスト教主義（プロテスタント）に基づく校風を持つ私服で男女共学の京都の私立大学付属の高校に進学し、横浜の親元を離れて学生寮で下宿生活を始めます。弟も別の帰国子女受入れ校に進学しましたが、全寮制で規律の厳しいキリスト教主義（カトリック）で学ラン詰襟の男子校で、私の高校とは校風が大きく違いました。

こうした環境の違いが、双子でありながら私と弟の人間形成に多大な影響を与えているように思います。

父親の姿に、リーダーシップを意識

私が体験してきた海外での生活では、家庭と職場が切り離されていることなく、一体化していました。もっとも象徴的だったのは、週末になるたびに、大勢のお客さまを迎えていたことでしょう。総勢50人ほどが集える客間があり、おもてなしをするため、家族のキッチンとは別にパーティー用のキッチンが備えられていました。

そんな環境で育ったため、私は早くからリーダーシップについて意識するチャンスに恵まれていたと言えます。子どもながらに、父親が強いリーダーシップを発揮しているのを感じ、尊敬していたからです。父親から認めてもらおうと頑張って貢献しました。どのようにおもてなしをしたらいいかを考え、歌を歌ったり、習っていた楽器を演奏したり一芸を披露していた記憶があります。

もちろん母親も、頑張っている父親をバックアップしていました。リーダーの周囲にいる人が、フォロワーとしてリーダーシップを発揮する姿を意識した原体験とも言えるかもしれません。あとから思い返せば、家庭内でも父親は母親に対しては会社の部下に指示するかのようにビジネスライクなマネジメントをしており、それが母親にとってはストレスだったのではとも思います。

それでも私にとって父親の「社長」というポジションは、たいへん魅力的でした。それゆえに芽生えた「社長になりたい」という目標は、その後の人生の選択に大きく影響を与えていくのです。

千羽鶴を届けるプロジェクトで発揮したリーダーシップ

私は父親の姿を見て、リーダーであることに早くから憧れていました。私自身がリーダーシップを発揮した最初の記憶は、高校1年生のときのことです。

平和を願う千羽鶴を広島と長崎に届けたいという目標を立てました。自分1人では成し遂げられないと考えた私は、友人に声をかけて協力を求めました。1人につき5枚の折り鶴づくりを依頼したのです。すると、支援の輪は広がり、体育館に集まって取り組もうという大きなプロジェクトに発展。目標を達成することができたのです。

その達成感が強烈な記憶となっている一方で、協力に応じなかった人がいたことも私の記憶に刻まれました。リーダーシップとは何なのか。どうすれば周囲の人に動いてもらえるのか。思い返せば、それを強く意識した体験だったと言えます。

その後、大学時代には体育会本部の渉外担当として委員長を拝命し、ビジネスと同様の達成感を味わうことになります。学業とスポーツを両立していることで有名私学のＵＣＬＡやＵＳＣといったアメリカの大学の学生スポーツの運営や商業化の現状を視察するにあたり、企業から資金援助のサポートを受けられるように企画し、売り込み、その結果８人の学生視察団を組成して成果を出したのです。「やると決めたら、やる」という責任感、楽しみながら達成していく姿勢などは、この時期に培ったように思います。

その後、私は就職先として大手都市銀行を選びました。その理由はとても単純なものです。銀行員は、たくさんの経営者に会うから、きっと経営の知恵を吸収できるに違いない。しかも、経営者の娘さんと結婚して、企業を任されるチャンスもあるはずだ（図表14）。

そしてその見通しは、現実になったのです。

挫折と試練

「製造業を経営する社長さんが、娘さんと結婚して、事業の後継者候補にもなれる若者を探している」

ある日、そんな話が私のところに舞い込んできました。浅はかにも、私がイメージしていた経営者へのステップそのものでした。断る理由もなく、私の人生は見通しのとおりに運んでいきました。

１００年続く中堅の製造業でした。そこで私は製造業だけでなく、売店事業、テレビリース事業、ビジネスホテル事業などにも手を広げ、当初１５０名程だった従業員数は約２５０名ほどになっていました。息子と娘にも恵まれました。

ところが企業の土台は私が築き上げたものではなく、しかも私自身にも経営者としての基礎が培われていたわけではありません。志ではなく、マネジメントについての学びも十分ではなく、自己満足で経営方針を決めていたこと、組織の仕組みをつくるどころか、その必要性にすら、当時は気づいていませんでした。ある意味成功を履き違い、金の亡者と化していたのです。少しずつ歯車が噛み合わなくなっていき、それを止める手立てもありませんでした。

私の場合、経営者としての挫折は、家庭での人間関係が立ち行かなくなることを意味していました。経営者に憧れ、リーダーシップを発揮していたはずだった私は、一挙に会社も、仕事も、家庭も失うことになったのです。

今の私なら、どんな試練も神さまからもたらされた「ＧＩＶＥ」であって、その人が乗り越えられるから与えられるのだと捉えることができます。しかし当時の私に「ＧＩＶＥ」の意識はなく、むしろまだドロ沼ドラマの中から抜け出していなかったとも言えます。

しかし、そのようなときに、捨てる神があれば拾う神もあり。学生時代に「ＧＩＶＥ」をしていたおかげか、大学の友人を介して現在の妻となる大学の同級生と16年ぶりに再会することになったのです。同じ教育を受け、文化や価値観が共有できる存在というのは、その当時どん底にいる私にとっては一筋の光そのものでした。この邂逅は私の奮起を後押しする転機でした。

その後、再婚し、心機一転関西から東京に拠点を移しました。縁もゆかりもない場所でゼロからのスタートでした。ハローワークに通い再就職先を探した結果、幸いにも小さな財務コンサル会社に就職することができました。財務営業コンサルタントとして活動するうち、顧客との絆に恵まれ、また、財務コンサルのノウハウを身につけた結果、3年で独立する機会を得て、経営者をサポートする立場でビジネスを展開するに至ったのです。

そんな矢先、私に再び試練が訪れます。離婚後、離れて暮らしていた息子が交通事故で亡くなったのです。人生を変えてしまう出来事でした。しばらくは放心状態で、気持ちを立て直すのは容易ではありませんでした。何年経っても悲しみは消えません。

多くのことを考えました。その中で、私の中に芽生えたものは「どう生きるのか、本当に私が成すべきことは何か、価値観に沿った選択をしよう」という意識でした。今日という1日は昨日死んだ息子にとっては本当に生きたかった今日なのだから、今日を迎えることができている私は死んだ息子の分まで力強く今を生きようと決断をしました。

これからも生きていく私にとって、人生は選択の連続です。どんな選択をするのか、自分に幾度となく問いかけた結果、進む道がはっきりと見えてきました。それが「GIVE」だったのです。

「GIVE」を実践できる環境づくりを

私を「GIVE」の実践に導いたのはBNI®（ビー・エヌ・アイ）でした。

息子の死をきっかけに私は創業し、3年が経過した頃に出会ったのが世界最大規模の異業種交流組織BNI®だったのです。その活動は今や世界74か国で展開され、26万人以上のメンバーが価値

【図表 14　著者の 10 代・20 代・30 代】

リーダーシップを
最初に経験した10代 ▼

日本経済新聞

1991年(平成3年)8月16日(金曜日)

けいざいじん

☑…国際派、マイロ国内導入の草分け

日本配合飼料社長　高須　博氏

▼たかす・ひろし＝昭和28年東大法卒、第一物産（現三井物産）入社。53年アルゼンチン三井物産社長。59年日本配合飼料取締役、常務を経て、6月27日に社長就任。二男がいる。東京都出身。60歳。

国際派である。「スペイン語はペラペラ、ということになっています」と笑う。商社マンとしてアルゼンチン、タイ、ブラジル駐在を経験し、海外在住期間は合計十七年半に及ぶ。「もっとも今や情報化の時代。海外にいたということだけでは意味がなくなりつつある」と語る。

海外赴任から帰るたびに配属されたのは〝古巣〟の飼（えさ）原料部だった。配合飼料の主要原料であるマイロでは「国内導入の草分けの一人」を自負しており、日本配合飼料に入社する前から、この業界に半分以上足を踏み入れていたことになる。

国内の配合飼料業界は需要が頭打ち。生産設備は老朽化しており、供給力過剰で、工場のスクラップが始まっている。「日本の配合飼料業界の課題は高度成長時代の夢と方法から脱却していないこと」と、ずばり。「変化についていけない企業は生き残れない」と口元を引き締める。

社長職については「野球で言えば一プレーヤーから監督の立場になること。忙しくなるのは覚悟している」。この夏は休日返上で全国を回り、取引先や畜産業者など現場の声を積極的に聞いている。

趣味は音楽。学生時代、南米の民俗音楽を友人とトリオを組んで演奏していた。「先日三十年ぶりに合わせてみたが、全然だめだった」と今は聞く方が中心だ。（P）

挫折と試練を経験した30代 ▲　　多くの経営者に出会った20代 ▲

観を共有しています。組織とメンバーに資本や雇用の関係はなく、マーケットを開拓していく上での協力関係を基礎とし、シェアリングエコノミーを実践していると言ってもいいでしょう。

当時私は、渋谷で起業し東京商工会議所渋谷支部に所属し、商工会議所主催の交流会で横浜のBNI®メンバーから声をかけられました。この定例会に誘われた当初は「朝から元気な経営者が大勢集まって交流している」というイメージしかありませんでした。

ところが理解を深めるにつれて「GIVE」を実践する組織であること、自己満足ではなく、他者への貢献=他者満足、ひいては全体満足を追求していく組織であること、それが私の心を強く動かしました。以前からの知り合いの仲のよい経営者も東京都内のBNI®に所属していたことがわかり、一気に親近感が増したのです。

さらに財務営業コンサルタントとして独立し、自らの力だけでビジネスを拡大していこうとする営業手法に壁を感じ、マーケティングのやり方を変えたいと思っていた矢先だったことも、参加の決め手になりました。

BNI®の活動については、次の第4章で詳しくご紹介しましょう。

高い目標がもたらす「まことの絆」

私はBNI®に大きな魅力を感じ、参加にあたり、私もできるだけ大きな貢献がしたいと考えました。「GIVE」を実践する組織づくりを、私自身も実践したいと考えたのです。

リファーラル組織「チャプター」を立ち上げれば、大阪の経営者に貢献することができる。ＢＮＩ®のチャプターを立ち上げたい。しかも、ゆかりのある大阪枚方・高槻で。

一方で、それは東京で開拓してきた顧客と距離ができるということを意味していました。

私は、顧客に説明して回りました。「ＧＩＶＥ」を実践する組織が、ビジネスを変え、ひいては世界を変える重要な役割を果たすこと。自らが率先して、貢献したいこと。今の顧客を大切に思っているが、どうしても大阪の地で立ち上げたいということ。

私は東京で開拓した顧客を失うことになっても仕方がないと覚悟してＢＮＩ®の地域開拓プログラムにチャレンジをしました。東京出張でコンサルティングを続けることは可能ですが、顧客の希望に応えられない場面が出てくる可能性も高くなります。

ところが私の決意に賛同し、契約を続行するという顧客が予想以上に多く、ＢＮＩ®のプログラムに心置きなく取り組むことができました。コンサルタントとしての私の力を認めてくださっただけでなく「ＧＩＶＥ」を実践することを、顧客が大いに評価してくださったのです。その2年後、プログラムの達成とともに、私は感謝と感激を胸に拠点を東京から大阪に移すことができました。

私はそれまで、意識して「ＧＩＶＥ」やリファーラルを実践してきたわけではありません。でも、それまでコンサルティングを担当してきた企業の中には「私が力にならねば」と、経営者と二人三脚で危機を乗り切ったケースがありました。

忘れられないのは、経営が行き詰まり「私は今夜から公園で寝るしかない」と切羽詰まって既存のクライアント様のご紹介で連絡をくださった1人の経営者の方のことです。「これは一刻を争う事態だ」と思った私は社長の元に駆けつけて「とにかく決算書を見せてください」と頼みました。たしかに厳しい内容でしたが内容に誤魔化しがなく、無謀な借り入れをしているわけでもありません。「もう全財産を失った」と観念していた社長を私は「大丈夫ですよ！」とまずは元気づけました。話を聞いていると経営者の力量不足というよりも、近隣で起きた事件に巻き込まれるような形でビジネスが傾いてしまっていたのです。

それからは毎日のようにその会社に通い詰め、金融機関に提出する資料をつくり、社長に同行して再建策を説明するなど、考えられるかぎりのサポートに努めました。

その結果、会社としては経営状態が回復してからも契約が続き、社長から新しい顧客を紹介していただく等、良好な関係が続いていました。大阪に行くことを相談したら「中小企業を応援する、意義のあるチャレンジ。私も応援します」と言っていただきました。

誰かを精いっぱいサポートすることは、相手のためだけではなく、自分自身にも必ず返ってくる。BNI®での活動はまだ本格的にスタートする前でしたが、「GIVE」の素晴らしさを実感できる出来事でした。さらに大阪で実践しようとしていることが、多くの人から求められている活動であるという確信を持つこともできました。

私と顧客の間に、強い絆があったのを再確認できたことは、私にとって大変うれしい出来事でした。しかしそれ以上に「GIVE」を実践すること、「GIVE」を実践する組織への貢献に顧客の賛同と応援があったことに、私は勇気づけられたのです。

応援することで深まる、家族との絆

ＢＮＩ®での活動を通じて顧客との絆を再認識した私は、人を応援するという「ＧＩＶＥ」の魅力に強く心を動かされました。そしてふと、私が応援すべき人は、ビジネス以外の、すぐそばにいることに気づいたのです。

再婚で私の家族となった妻は、以前から日本刺繍や着付けの技術を習得し、和装を通じた日本文化の継承活動に力を入れていました。

ある日彼女に「あなたの夢は？」と尋ねてみました。「和装についての見識を更に深め、その成果を何らかの形として残したい」というのが彼女の夢でした。彼女はその夢の実現のために大学院に進学し、今も大学の研究員として研究を続けています。

今では、彼女の研究環境をできるだけよい状態に整えるために、彼女の家事への負担を減らし、精神的な支えとなることに尽力し、彼女の夢の達成を応援することが私の喜びの1つとなっています。

ビジネスに限らず、夢や目標を自分の中に温めている人はたくさんいても、現実に何か大きな一歩を踏み出すには、少し勇気が必要なものです。「応援するよ」と言う人がそばにいることで、人はずいぶん強くなれるものです。

「ＧＩＶＥ」の発想で夢の達成を応援し合い、繋がりたい人同士の縁が紹介によって結ばれたりすることで、多くの夢や目標が前進していくのです。家族という最小単位のチームにも「ＧＩＶＥ」が力になります。ビジネスリーダーといえど、家に帰れば家族との時間を充実させたいと願うはずです。ビジネスリーダーには家庭においてもぜひ「ＧＩＶＥ」の成功方程式を活用してほしいと思います。

本章では、著書の履歴「ＧＩＶＥ」を実感するまで、と題して、私という人間の自己形成に大いなる影響を与えたバックグラウンド環境について披露させていただきました。

もし、私が双子の長男で生まれずに一人っ子として生まれていたら。もし、今の両親の元でなく別の両親の元に生を受けていたらどんな人生を歩んでいたのでしょうか。

誰にでも愛すべきバックグラウンドがあり、人は、自分自身を育んだ環境の産物なのです。そのときに周りにいてくれた人との関わりや自分の人生に起こった出来事から今の自分が形成されたと自分の人生を愛することができれば、あらゆることが自分に与えられた賜物だと認識することができるのではないでしょうか。

○実践のためのアドバイス

・自己紹介をワークシートに落とし込んでみよう。
・何を大切にして来たか、自分の中にある価値を見つけ出すことができれば可能性が広がる。
・試練や逆境も、必ず乗り越えられると信じよう。
・最も身近な存在である家族への「ＧＩＶＥ」を実践しよう。

第4章
世界で実践されているリファーラルマーケティング
～BNI®で確信を得た経営者たち

1 「GIVE」を実践する組織の必要性

「GIVE」の実践スキルを上げるには

ビジネスリーダーが「GIVE」を実践するにはスキルが必要です。

必要なスキルの中でも最も重要なものはコミュニケーションスキルです。コミュニケーションの与え方であり、受け取り方です。

そして、自分にとって「GIVE」だと思えることが、相手にとって本当に「GIVE」であるかどうか。それを判断する力を養わなければ、結局は、ジャイアンが仲間に「GIVE」しているつもりの歌声に、周囲の誰もが耳をふさいでいるという状況と変わらなくなってしまいます。

一方で真の「GIVE」であっても、それを受け取る相手によっては、与える方が消耗させられてしまう場合もあります。

例えば、それは周囲に「GIVE」を怠る相手への「GIVE」です。「GIVE」が「GIVE」を呼ぶことによって、一部の人だけが自己利益を得るのではなく、全体利益が培われることは「GIVE」を実践するにあたり、とても重要です。自己利益を追求するだけの人にいくら「GIVE」しても「TAKE」に変わってしまい、組織や社会全体はよくなっていかないからです。場合によっては「GIVE」が社会全体の不利益になる可能性もあります。ということは、どんな相手に「G

ＩＶＥ」するべきかを見極めるスキルも重要になると言っていいでしょう。

こうしたスキルは実践で磨くのがベストです。最初はセミナー参加などで鍛えることも有意義かもしれませんが、真の実力を磨くなら実践に勝るものはないことを、現役のビジネスリーダーであれば納得いただけるはずです。

一方で、スキル不足のまま「ＧＩＶＥ」を実践するのはリスクを伴う可能性もあります。どうすればいいのでしょう。

いい方法があります。「ＧＩＶＥ」を実践するもの同士が集まればよいのです。

「ＧＩＶＥ」の実践を前提に集まった人同士で「ＧＩＶＥ」し合えば、スキルを高めることができ、全体利益が損なわれることもありません。たとえスキル不足であっても、集まっているメンバーはみんな人の役に立ちたいと考えていますから、有効な方法をアドバイスしてくれるはずです。

そして、これが肝心なのですが、この考えに基づいて人が集まると、人の役に立ちたいと考えて実践する「ＧＩＶＥ」が、望まれないような形で実践されるリスクもありません。さらに自分の「ＧＩＶＥ」に相手がどんな反応をするか気がかりな人も「ＧＩＶＥ」を実践している人ばかりの場でなら、有益なヒントを数多く吸収できることでしょう。

「ＧＩＶＥ」を実践するもの同士が集まる組織こそ、私が所属しているＢＮＩ®（ビー・エヌ・アイ）なのです。

この章では、私を「ＧＩＶＥ」の実践に導いたＢＮＩ®についてご紹介させてください。

世界各国に広がるＢＮＩ®の活動

ビジネスリーダーの方々であれば「リファーラルマーケティング」という言葉を耳にしたことがあるかもしれません。米国式経営学の１つの分野で、リファーラル＝紹介をビジネスに活かす手法です。

このリファーラルマーケティングを実践している組織がＢＮＩ®です。

「ＧＩＶＥ」の実践がリファーラルに繋がることから、世界的なリファーラル組織として知られるようになりました。実際の活動内容がビジネスプロフェッショナルとの交流がメインであることから、世界最大級の異業種交流組織と紹介されることもあります。

ＢＮＩ®とは、Business Network International の略称です。１９８５年、アイヴァン・マイズナー博士によって設立されました。アメリカ合衆国ノースカロライナ州シャーロットに本部を置き、２０１９年９月現在、世界74か国26万人以上という規模に成長を遂げています。日本では２００６年に拠点が設置されました（図表15）。

ＢＮＩ®のメンバー間に、資本や雇用の関係はありません。マーケットを開拓していく上での知恵を分かち合う、シェアリングエコノミーの場とも言えるでしょう。

ＢＮＩ®には、業種、人種、宗教といったプロフィールの異なるメンバーが集まっています。いわば、高度なダイバーシティ（多様性）が実現している環境です。プロフィールが異なれば、ビジネスのルールも様々ですが、ＢＮＩ®では同じ価値観、方向性を守り尊重する必要があります。

【図表 15　ＢＮＩ®とは】

BNI®

Changing the Way the World Does Business™

世界のビジネスのやり方を変える

BNI®とは

世界最大級のビジネスリファーラル組織

経営者や事業者がお互いにビジネスの紹介（リファーラル）を
交わすことを通じて、売上げを拡大するための仕組みと環境を提供。

▲ BNI創立者
アイヴァン・マイズナー博士

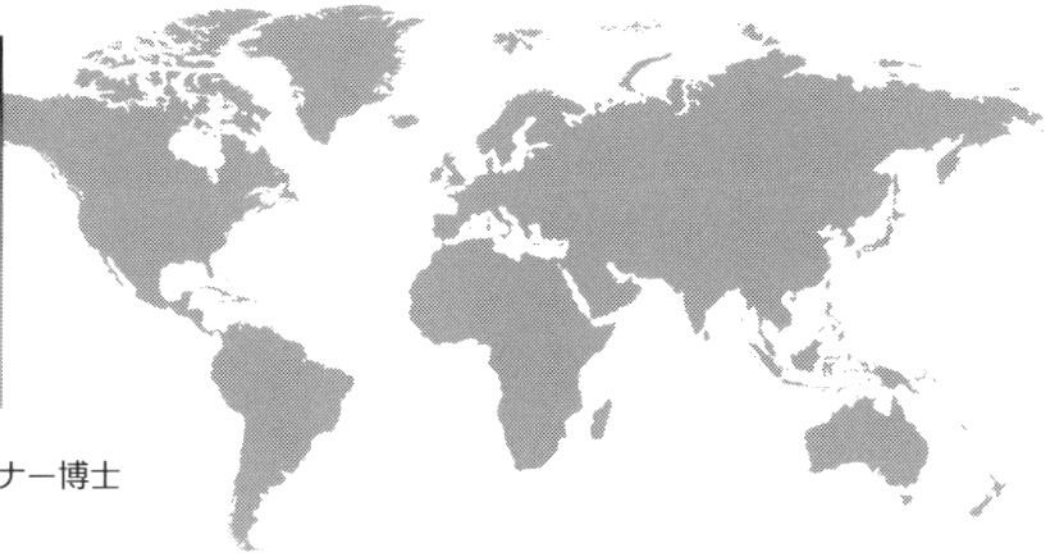

BNIメンバーの参加目的

1. 体系化されたシステム
2. 関係性による協業
3. エネルギー熱意のある組織
4. 新規ビジネス／人脈の紹介
5. 自己の成長と自信
6. コミュニティへの経済効果
7. 学習とエデュケーション
8. ギバーズゲインと互恵関係
9. リーダーシップスキル
10. 支援とメンタリング

そこでBNI®は極めてシンプルな独自のルールに基づいて活動し、メンバー同士が信頼関係を構築する環境を維持しているのです。

ルールの設定は安心して、「GIVE」を実践するためにあります。つまりBNI®は「GIVE」を実践したい人が「GIVE」を実践するために、世界共通のルールを守りながら活動している組織と言ってもいいでしょう。

そういう組織の持つ雰囲気は、会社組織とは一味違います。

まずは全員が、大人でありながら子どものように学んでいます。

そしてお互いがお互いに気に掛け合い、自己の利益を追求するのではなく、利他につながるようなコミュニケーションに満ちています。

さらに信頼関係を体系的に構築し、誰もが貢献行動をしています。その関係は切磋琢磨であり、相互のコーチングであり、しかも自分たちでビジネス環境づくりをするからこその深い学びに裏づけられているのです。

BNI®にあって重要なのは「GIVE&TAKE」ではなく「GIVE&GIVE」です。ビジネスで「GIVE&TAKE」ばかりの中にいた人の目には奇妙に映るかもしれませんが、その姿勢は徹底しています。だから「GIVEされたらTAKEしなければ」という焦燥感は必要ありません。メンバーが実践している「GIVE&GIVE」に刺激され、自然と「GIVE」を実践するスキルが身についていきますし、ワークショップやトレーニングでスキルアップすることによって、より高いレベルでの「ＧＩＶＥ」を実現することができるようになります。

さらにＢＮＩ®で活動するメンバーは「ＧＩＶＥ」が現実的なチャンスと成功の糸口となりえることを十分に実感しています。それははっきりと数値にも表れているからです。

２０１８年には、世界中のＢＮＩ®のメンバー間で１０４０万件以上のリファーラルが交わされ、１兆７５００億円を超えるビジネスが生み出されています。いわば、皆で成功習慣を身につけ実践しているような環境と言ってもいいかもしれません。

「ＧＩＶＥ＆ＧＩＶＥ」によって、いったいどんな「プラス」が生じるのか。ＢＮＩ®は、それを体感する場とも言えるでしょう。

ＢＮＩ®が支持される理由

あなたは異業種交流会に参加したことがありますか。「異業種交流組織」と聞いただけではＢＮＩ®をその延長線上で捉えてしまうことでしょう。

多くの異業種交流会は、名刺交換と、各自のプレゼンテーションに費やされがちです。

「ＧＩＶＥ＆ＴＡＫＥ」に意欲的な人との出会いもないとは言えないものの、やはり大半はお金と時間を使って参加した分、「自分にとっての見返り」すなわち「ＴＡＫＥ」を強く意識しているものでしょう。異業種交流会にはそういうイメージが強すぎるため、ＢＮＩ®が実践するのは「ＧＩＶＥ」だけであると言われても、にわかには理解しづらくても仕方がないかもしれません。

ここではＢＮＩ®の理念をご紹介しましょう。

その最たるものは「Givers Gain®」です。「ＧＩＶＥ＆ＧＩＶＥ」を示した造語です。

「与える者は、与えられる。」与える人こそが、真に成功するという意味です。これがＢＮＩ®というリファーラル組織の、最大かつ最強の原動力です。

ＢＮＩ®では、この「Givers Gain®」を実現するために、チームビルディングを実施します。１つの専門分野につき、１名のみの加入者が基本のチャプターがそれに当たります。前章で私は、このチャプターを立ち上げるために東京から大阪へと拠点を移したとご説明しました。チャプターによるチームビルディングは「Givers Gain®」の基礎を成すものです。ＢＮＩ®に参加するチームリーダーは、それまで自らが率いてきた会社やプロジェクトとは別に、マーケティングのためのＢＮＩ®のチャプターで、チームビルディングを経験します（図表16）。

自社の組織は雇用関係か業務委託契約関係です。しかし、チャプターは信頼関係のみの人間関係で真のチームビルディングを学びます。チャプターは、あくまで疑似的な協力関係組織です。ところがこのチャプターが、参加メンバーを鍛え、成功に導く鍵を握るのです。

ＢＮＩ®のチャプターでは、メンバーの誰もが「Givers Gain®」に基づいて行動します。自己利益の追求をする場ではありませんから「ＧＩＶＥ」の実践が当たり前の環境なのです。

そういう環境では、何が起こるでしょうか。

チャプターのメンバーは、誰かへの「ＧＩＶＥ」を実践しようとしている人ばかりです。定例会

【図表 16　チャプターとは】

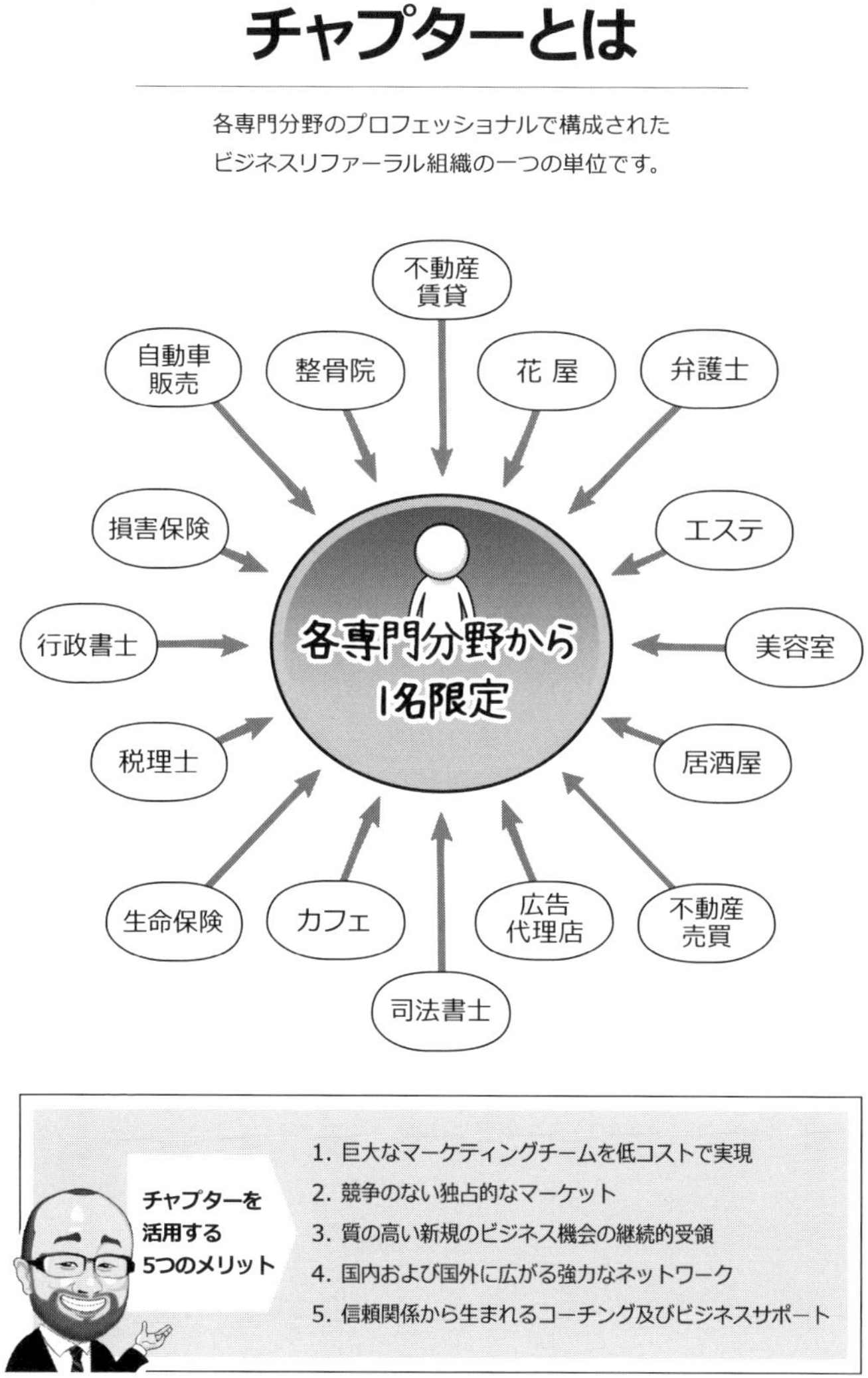
チャプターとは
各専門分野のプロフェッショナルで構成された
ビジネスリファーラル組織の一つの単位です。
不動産 賃貸
自動車 販売
整骨院
花 屋
弁護士
損害保険
エステ
行政書士
美容室
各専門分野から 1名限定
税理士
居酒屋
生命保険
カフェ
広告 代理店
不動産 売買
司法書士
チャプターを 活用する 5つのメリット
1. 巨大なマーケティングチームを低コストで実現
2. 競争のない独占的なマーケット
3. 質の高い新規のビジネス機会の継続的受領
4. 国内および国外に広がる強力なネットワーク
5. 信頼関係から生まれるコーチング及びビジネスサポート

であなたのニーズを知ろうと話しかけてきたAさんが、とびきりの「ＧＩＶＥ」をもたらしてくれる可能性があります。

また隣の席に座ったBさんにあなたが「ＧＩＶＥ」を実践したとしましょう。Bさんは、あなたにとても感謝するはずです。

さらにBさんは、その話をチャプターのメンバーCさんに披露するでしょう。Cさんにも同じようなニーズがあれば、あなたにアクセスしてくるはずです。同様のニーズを持つ人をCさんが知っていれば、紹介してくれる可能性もあります。

こうした紹介の連鎖を、チャプター内にとどめる必要はありません。BさんとCさんは、チャプター外の人にも、あなたを紹介するはずです。あなたもチャプター外の人にAさんの話をするでしょう。クチコミがクチコミを呼び、貢献の輪が広がっていくのです。

誰一人として、自分だけの利益のために動いているわけではありません。ＢＮＩ®では誰もが相手のためを思って「ＧＩＶＥ」を実践します。それが結果的にニーズを掘り起こし、ビジネスを成功に導くのです。

有効な「ＧＩＶＥ」は、信頼し合える環境があってこそ

ビジネス上の紹介は、いいイメージを持たれることばかりではありません。それは「ＧＩＶＥ」を伴わない紹介、あるいは見返りを求められる紹介を思い浮かべるからでしょう。

「ＧＩＶＥ」を伴わない紹介とは、相手が望んでいないモノやサービスを押しつけられる、あるいは本当に必要かどうか判断のつきにくい段階で、決断を迫られるような場合です。

信頼関係が築けていない段階では、自己利益のためだけにすすめているのではないか、実は見返りを求めているのではないか、求められていなくても何らかのメリットをもたらして「ＧＩＶＥ＆ＴＡＫＥ」を成立させるべきなのではないか、そういった気持ちが先に立ちます。紹介してもらったら紹介料金を求められた、そうしたビジネスを想起すれば、余計に疑心暗鬼になってしまいます。「ＧＩＶＥ」や紹介についてのイメージが多様な社会にあって「ＧＩＶＥ」を実践するのはハードルが高いと感じる人がいても不自然ではないでしょう。

ＢＮＩ®が、地域密着型のチャプターによるチームビルディングで「ＧＩＶＥ」の環境を整えているのは、そのハードルをなくすためです。チャプターは定期的にビジネスミーティングを実施し、お互いのビジネスの成長を積極的に支援する場です。

その活動を支えているのは「ＧＩＶＥ」の実践を妨げることのないように考え抜かれたルール設定です。そのルールは安心して信頼関係を築くために必要不可欠といえるでしょう。

例えばチャプター内では、1専門分野につき1名のプロフェッショナルが基本となっており、すでに加入しているメンバーと同じ専門分野の人物が新メンバーとして加入することはできません。といっても、このルールは競合しないために存在しますから、職種が同じでも、取り扱う専門分野が法人と個人のようにはっきりと分かれている場合には、その限りではありません。要はチャプター内で争い合ってしまうと、信頼関係を損ねるリスクがあるため、それをあらかじめ回避しておこうというシンプルなルールです。お互いに協力し合う共生の関係が重要なのです。

「ＧＩＶＥ」の実践は、心理的安全性が確保され信頼関係が築かれている環境でこそ成功につながります。チャプター形成のルールは、そうした環境づくりの考え方に基づいているのです。

チャプターのメンバーは、週１回のビジネスミーティングで定期的に顔を合わせます。一般的な異業種交流会が、１回の会合で名刺を交換し、その場で利害関係の一致を認めれば交流がスタートするのと違い、ＢＮＩ®は一定のメンバーで交流を温めていくのが特徴です。１回限りの交流会では会話できる人数が限られますし、多くの場合は、あまり深い話をすることはできません。初対面でも積極的にアピールできる人に限ってはメリットがあるかもしれませんが、そうでない人にとっては得るものが少ないと言えるでしょう。

ＢＮＩ®のメンバーは、チャプターでのビジネスミーティング等で交流を温めていくうちに、お互いについてよりよく深く知るようになります。何度か接するうちに、それぞれのいいところがわかってきます。無口だけれど信頼できる人、いつもは聞き役だけれどもテーマによっては熱心に話す人など、キャラクターがわかれば好感度も上がります。それが信頼や期待にも繋がっていくのです。

こうした活動を通して培われる信頼や期待に裏づけられた紹介や推薦こそが、ＢＮＩ®が推奨する本当のビジネスリファーラルなのです。

2　最も理解されていないマーケティング戦略

ＡＩ時代にマーケットを開拓する有効な手段とは

ＢＮＩ®のようなリファーラル組織は、なぜ誕生したのでしょうか。

そもそもマーケットを開拓する手段として、宣伝、ＰＲ広報、訪問や電話による営業についてはよく知られていますが、リファーラルの実践がクローズアップされる場面は、決して多いとは言えません。ところがリファーラルは、その知名度からは想像もつかない可能性を秘めています。

というのもマスコミュニケーションの分野にあたる宣伝とＰＲ広報は、マーケットがすでに存在することを前提に開拓しているに過ぎません。訪問や電話による営業も同様です。既存のマーケットを広げる、シェアを高めるだけなら、ＡＩ導入のほうが効率的かもしれません。

ただし新しいマーケットを開拓するとなると話は別です。マーケティングやプランニングに努める企業は多くの場合、手探りによる新規開拓を余儀なくされていることでしょう。成功するかどうかは全くの未知数である場合も少なくありません。あるいはニーズの裏づけをしっかり取ってからスタートしようとする頃には、すでに出遅れているものです。

リファーラルの優位性は、紹介によって、全く新しいビジネスや人脈がスピーディーに生まれる可能性があるところです。

紹介は「モノ」「サービス」そのものの販売ではなく、人物あるいはチームやプロジェクトの可能性に期待して成立するからです。紹介の根底にあるのは「あの人なら、こういう仕事を引き受けてくれるのではないか」「あの人が率いるプロジェクトなら、きっと、いい成果が出るに違いない」という期待です。

信頼できる人物が、信頼している人物を紹介する場合においては、期待値が飛躍的に上昇します。人をビジネスの側面だけでなく、人物像までまるごと理解しているからこそ、期待はただのカンではなく、根拠、確信、納得度においても十分なのです。

さらに紹介は、確実なニーズがあるところにしか生まれません。ニーズは既存の範疇におさまる場合もあるでしょうが、既存の製品やサービスでは解決できない場合も多々あるでしょう。

ここにも紹介の大きな優位性があります。

確実にニーズはあるが、解決に向けてどうアプローチしてよいかわからない。紹介はまさにそうした新規開拓案件の宝庫と言ってもいいでしょう。このような、これまでのビジネスの範疇を超えた全く想定外のニーズや問題を、ＡＩが見出すことは不可能なのではないでしょうか。

想定外のニーズや問題は、腹を割って話せる相手にしか相談しない人がほとんどです。ビジネスとして成立してもいないことを、いきなり企業に問い合わせる人も少ないでしょう。紹介にこそ可能性があり、しかもこの紹介は信頼関係の構築なくしてありえません。ＢＮＩ®が実践するビジネスリファーラルは、人が人であることを成功に結びつけられる、ベストな手法ではないでしょうか。

スキルアップが「ＧＩＶＥ」の実践を加速する

ＢＮＩ®のルールを大切にし、価値観を共有しているチャプターのメンバー同士が、信頼関係を築いたうえで「ＧＩＶＥ」を試みることは、ビジネス活性化の第一歩となります。

まずは誰もが信頼している相手からの「ＧＩＶＥ」であれば歓迎し、そうでなければ敬遠するものです。しかもチャプターのメンバーはみんな「ＧＩＶＥ」を実践したがっています。この２つの大前提はＢＮＩ®が推奨する「Givers Gain®」の要といえるでしょう。

チャプターのメンバー全員が、リファーラルマーケティングプログラムに取り組み、ビジネスミーティングなどで信頼関係を築くこと、そして相互に「ＧＩＶＥ」を実践することは、ＢＮＩ®の重要な行動規範となっています。これらは「ＧＩＶＥ」の環境を整えるために必要不可欠だからこそ、ルール化されているのです。

しかし環境さえ整えば「ＧＩＶＥ」が歓迎されるとは言い切れません。ニーズを引き出し、それに応えられるように「ＧＩＶＥ」を実践できなければならないですし、そもそもニーズに叶う「ＧＩＶＥ」を実践できるように、さらにはそれを相手に理解してもらえるようにスキルを高める必要があるのです。チャプターは、こうしたスキルアップや試行錯誤の場としても有効です。様々なメンバーから刺激を受けてスキルアップすることが可能です。現実のビジネスではなかなかできない試行錯誤も、疑似的な協力関係組織だからこそ、思い切って実践可能なのです。

有効なスキルアップは大きく分けて３つあります。

1つ目は「GIVE」の相手を知ることです。

ニーズを掘り起こすにも相手がどんな人なのかわからなければ、場合によっては「GIVE」が裏目に出てしまいます。相手を知るのにスキルを要することは、意外と意識されていません。相手を知るスキルは、BNI®のメンバーの間で、その重要性が認識されています。

2つ目は自分を知ることです。

これは相手を知ること以上に認識されていないかもしれません。あなたが相手にできることは何でしょう。あなたの言動の、何が「GIVE」に値して、何が値しないのでしょうか。そして今後はどんな「GIVE」を、どんな相手にもたらす可能性があるのでしょうか。チャプターのメンバーと切磋琢磨するうちに、考えてもみなかった「GIVE」を発見することも十分にありえます。

3つ目は「GIVE」できることを伝える工夫、チャプターメンバー以外に向けての紹介がスムーズに運ぶようなプレゼンテーション、いわゆる評判の立て方を教えるためのスキルです。

BNI®のチャプターは、メンバー間でビジネスをするために存在するのではありません。あくまで「GIVE」を実践する環境を維持管理体験し、必要なスキルアップを体得することが活動の目的です。BNI®で経営者として成長し、広く地域社会で「GIVE」を実践してこそ、ビジネスの成功も実現するでしょう。そのためには、あなたが実践している「GIVE」をスムーズに紹介してもらえるように、工夫を加える必要が出てくるのです。

世の中に役立つことを実践したい。必要としている人に、必要としていることをもたらしたい。

伝えたい。もっともっと多くの人に、もっと役立つことをして、いい影響を与えることはできないだろうか。ＢＮＩ®では、このモチベーションを高めることができます。

自分が、仕事が、ＢＮＩ®で変わっていく体験談

それではＢＮＩ®に参加しているビジネスリーダーは、活動を通して何を得ているのでしょうか。ＢＮＩ®メンバーの声をご紹介しましょう。

今回、体験談を聞かせてくれたのは、「ふぉとモジアーティスト」として活躍しているカメラマンの岡田美保さんです。岡田さんはカメラマンとしての独立開業とほぼ同じタイミングでＢＮＩ®に参加。ＢＮＩ®を知ったのは、全くの偶然だったそうです。撮影の仕事で赴いたショップのオーナーがＢＮＩ®に参加していたことから、チャプターが開催する定例会に参加をすすめられたのが始まりでした。岡田さんはそのとき、独立開業後にはどんな目標を持って仕事をするか、まだ決め切れてはいなかったそうです。

「参加し始めた当初は、リファーラルもGivers Gain®も、十分に理解できていたわけではありません。でも、メンバーの誰もが『できることからすればいい』と、とても参加を歓迎してくれました。だから私は定例会の準備や後片づけといった、取り組みやすい活動から始め、それを見てくださっていた周りの方々から、多くの関わりと学びをいただきました」

最初の1年くらいはすすめられるトレーニングに参加していましたが、何度も受けて価値を感じ

られなくなっていたときに「何を得に行くかで学びが変わる」というアドバイスを受けて、目標を立ててトレーニングに参加するようになりました。「達成する目標はこれ、そのためにはこんなスキルアップに力を入れよう」というストーリーができ、プランをもってＢＮＩ®のプログラムに取り組むようになったのです。

機会やチャンスは他人からもたらされます。ＢＮＩ®のトレーニングは意識の高いビジネスパーソンとの出会いの場であり、ビジネス拡大の機会となっていったのです。

岡田さんのホームページには、様々な人からの具体的な推薦の言葉があります。ＢＮＩ®メンバーが岡田さんの仕事ぶりはもちろん、人柄に触れることで、いったいどんなカメラマンなのかを知らない人にもわかるように紹介しています。

岡田さん自身のリファーラルも広がっています。

「私に、ブライダルの動画の依頼が入ったときのことです。私は動画を手がけていなかったのですがＢＮＩ®メンバーで、動画の仕事をしている人を知っていました。私はその方の仕事がとてもいいと思っていたので、ご紹介しました」

紹介された動画クリエイターは、ブライダルの動画に関心はあったものの、積極的に営業をするには至っていなかったそうです。それでも岡田さんからの紹介をきっかけに、仕事が成立。更にその際の仕事ぶりが認められ、依頼主の関係者から別の仕事を依頼されるに至りました。紹介には、こうしたプラスの作用が起きやすいのです。

たった5年で、人生が激変する

ＢＮＩ®で活動しているうちに、岡田さんには転機が訪れます。岡田さんが人生で本当に取り組みたいことは創作活動。ＢＮＩ®で出会った筆文字に取り組むうちに、カメラマンとしてだけでなく、筆文字を使って作品をつくる「ふぉとモジアーティスト」として活動し始めたのです。

「ＢＮＩ®メンバーが背中を押してくれたことが、私にとってとても大きかったです。ＢＮＩ®メンバーが、私のフェイスブックにアップしている筆文字アートを見て、社長室の壁など様々なスペースに創作するチャンスをもたらしてくれました。私はその仕事をまたフェイスブックにアップ。そうやって、少しずつ活動が広がっていきました」。

岡田さんの活動はさらに、思いがけない大きな展開を見せます。

「筆文字活動は、ＢＮＩ®とは別でのライフワークだったのですが、そうやってリファーラルが広がるうちに、私自身がＢＮＩ®メンバーであることをもっと積極的に活かしたいと考えはじめました」。

それがＢＮＩ®メンバーで、ジャカルタにも拠点をもつ美容院のオーナーを紹介されて、具体性を帯びてきたのだそうです。「海外にも活動を広げたいのなら、ジャカルタのチームを紹介するから、一緒にやろう」という誘いでした。

カメラマンとして独立開業する時点でＢＮＩ®に参加してから、この体験を得るまで、わずか5年です。ＢＮＩ®参加の時点では、独立開業の方向性も見えていなかった岡田さんが、カメラマン

【図表 17　ふぉとモジアーティスト　岡田美保さん】

【図表 18　パリでのパフォーマンス風景】

パリでのパフォーマンス風景

として仕事を充実させるだけでなく新たな方向性を見出し、活動を世界へと広げようとしています。

ＢＮＩ®で活動したことは、岡田さんに何をもたらしたのでしょうか。

「ビジネスはもちろんのこと、何をするにしても、環境はとても大切です。人間って、弱い。どんな環境に身を置くかで、ずいぶん違ってくると実感しています。例えば私の場合なら、多様性が認められない環境、自分の考え方を１つの意見として口にすることができない環境には留まりたくないという気持ちを強く持っていました。とくに叶えたいことがあるなら、叶えられる場所に身を置くべきだと思いました。自分を変えたいと考えている場合、誰と一緒に取り組むか。誰と一緒に環境をつくるかが大切だと感じました。そのうえで、信頼を交わした人たちと一緒につくった環境の持つパワーによって変われる可能性が高いと思います」

トレーニングとワークショップ

ＢＮＩ®ではあらゆる能力のスキルアップを推奨しています。

先に紹介した岡田さんも私も、トレーニングとワークショップによる気づきがスキルアップに影響しましたし、自分を変える、目標を達成するといった成長の踊り場にあっては、そうしたスキルアップが大きな力となってくれます。

ここではＢＮＩ®メンバーに推奨されているワークショップの効用についてご紹介しましょう。

あなたは、ミーティングでの発言が得意でしょうか？　ビジネスリーダーであれば、レジュメを作成してミーティングを進行する際に、ある程度予定された発言をすることはあるかもしれません。もちろんミーティングに参加することそのものが、参加メンバーに対する「ＧＩＶＥ」と言えます。理由はどうあれ欠席しては、何の実践にもなりませんから。でも、せっかく出席しても全員が「ＧＩＶＥ」の実践に積極的とは限りません。

「ＧＩＶＥ」とは、参加したミーティングの席で「何をするか」なのです。

私はまず、発言することそのものを「ＧＩＶＥ」と捉えています。同じ題材でも、異なった意見があること、それを知るだけでも参加メンバーに大きな気づきをもたらすからです。

発言に対するリアクションも「ＧＩＶＥ」と捉えます。発言に何のリアクションもなければ、あなたはどう感じるでしょうか。発言する以上、リアクションに期待しない人はいないはずです。自分とは異なる考え方や反応なら、刺激を受けるでしょう。同じ考え方でも違う表現やたとえ話が出てくるなど、リアクションがあれば、発言した人にも、そのほかのメンバーにも気づきが生まれます。私自身が進行役であれば、発言に対するリアクションを十分に心掛けます。

ワークショップに参加するのは、様々なプロフィールを持つメンバーです。年齢、性別、職種、経歴等によって、発言の内容が異なってきます。お互いにプロフィールを明かして発言することで「あの方のような経歴を持っていると、そういう考え方をすることがあるのだなぁ」と、多様性についての学びが深まります。そして、無限の可能性をもたらす出会いの場にもなるのです。

ワークショップではいくつかのグループに分かれ、テーマを掲げてディスカッションをした上で、

【図表 19　ワークショップ／トレーニング風景】

その結果を発表してもらうという時間を設定することがあります。テーマは「リーダーシップとは何か」であったり、「どんなリファーラルがありえるか」などです。

発表に優劣をつけることはありません。ただ、発表を聞いた他のメンバーからのリアクションが、発表したグループやメンバーを勇気づけるのは確かです。場合によっては発表に対して質問が出るでしょうし、賞賛の言葉も自然に投げかけられます。もし自分のグループによる発表の内容が中途半端でまとまっていないと感じる場合でも、いいなと思った発表を参考にできるでしょう。

このようなアウトプットは、信頼するに足る人物か、どの程度の器を持つかなど、参加メンバーが発言者の人物像を受け止める指標ともなります。「あの人に、相談してみよう」「顧客に紹介してみたい」というアクションに繋がっていくのです。

学びや気づきが「ＧＩＶＥ」の実践を呼ぶ

トレーニングやワークショップは、メンバーの知識だけでなく、意識にも変化をもたらします。

私のセミナーに参加してくれたメンバーの1人は、個人事業主として仕事をしています。ある時点からビジネスもプライベートも多忙となり、自分で受注できるボリュームに絞るか、同じ業種の個人事業主と仕事をシェアするか、どちらかの選択肢で迷う場面に直面したのだそうです。

ＢＮＩ®でコミュニケーション、リーダーシップ、ビジョン、ミッションなどについて学ぶ機会を得たのは、そんなときでした。学びから刺激を受けて、自らがリーダーの役割を担い、多くのメンバーを束ねて仕事をすることに、意義を感じるようになったのだそうです。

1人で仕事をする立場から、人を束ねる立場にシフトするのは、勇気のいる選択です。それが今はチームのマネージャーとしてのポジションに就き、他のメンバーに仕事を割り振ることで、大きな仕事をシェアして達成させるまでに至りました。トレーニングやワークショップを通して自らのビジョンを語ったり、他のメンバーがどのようにリーダーシップを発揮しているかを吸収したりすることで、自らの選択に自信を持つことができたのです。リーダー役を務めるようになってからも、ますますリーダーシップについて学び、スキルアップに努めています。

BNI®での学びで得たことを、チャプター外に広めているメンバーもいます。

私の知っているメンバーは「パワーチーム」の考え方を学び、業界仲間や顧客に伝えたところ、大きな共感や賛同を得られたといいます。「パワーチーム」とはターゲットやテーマごとに組織される中小企業のプロジェクトチームのことです。「出産を控えたご夫婦」がターゲットのパワーチームであれば、ベビー服、写真館、保険、出産祝い返しのギフトといった分野のプロでチームを形成し、ターゲットの困り事の解決に貢献するということがありえるでしょう。このパワーチームについて話題にしてからは、顧客との会話がより一層弾むようになったそうです。

ビジネスにプラスをもたらす考え方を周囲に広めることそのものが「GIVE」の実践と言えるでしょうし、それがBNI®での学びであることを広めることで、BNI®に信頼を寄せる人を増やすことになり、BNI®への「GIVE」が実践されることにもなります。

さらにそうした刺激が功を奏して現実にパワーチームが結成されれば、中小企業が生き残る、大きな可能性を秘めることになります。

例えば「出産を控えたご夫婦」は、1つひとつインターネットで調べたり友人の知恵を借りたり複数の店舗をめぐることなく、1人のパワーチームメンバーと繋がるだけで、たくさんの情報やネットワークを手に入れることができるはずです。サービスを必要としている人にとって、これは最高の「GIVE」と言えるでしょう。

「パワーチーム」の強みは、同じニーズを持つターゲットに対して、それぞれの事業者が持ち味を最大限に活かすアプローチで「GIVE」を実践できる、積極的なリファーラル組織であるということです。事業目的が明確で、価値観が同じであることから、同じ情報を共有し、紹介しあうことにメリットと勝算が明確に存在するため、惜しみなく「GIVE」が実践されます。

特筆すべきは「パワーチーム」内で紹介される顧客候補は、各事業者が互いに信頼関係を持っている馴染みのお客様またはビジネスパートナーであるということです。言い換えれば、ビジネスだけではなくプライベートでも長く付き合うことができる人たちの繋がりと言えるでしょう。質の高い信頼関係の上により、上質な人間関係が育まれます。「GIVE」を安心して実践することができる環境が「パワーチーム」なのです。

人生は困り事でできています。「パワーチーム」は大企業ではないことを逆手に取り、数社が協力し合うことで大きなパワーを発揮し、人生の節々で必要とされる存在になりえるのです。

【図表 20　パワーチームとは】

パワーチームとは

同じ属性の顧客ターゲットのマーケットニーズを共有する事業者の集まり。
既に強力な信頼関係があり長期にわたり、
あなたと利害や関心を共有しているビジネスパーソンと
顧客や仕事を紹介しあえる新しい種類のマーケティングチームのこと。

〈 出産を控えた夫婦のお困りごとを解決するパワーチームの場合 〉

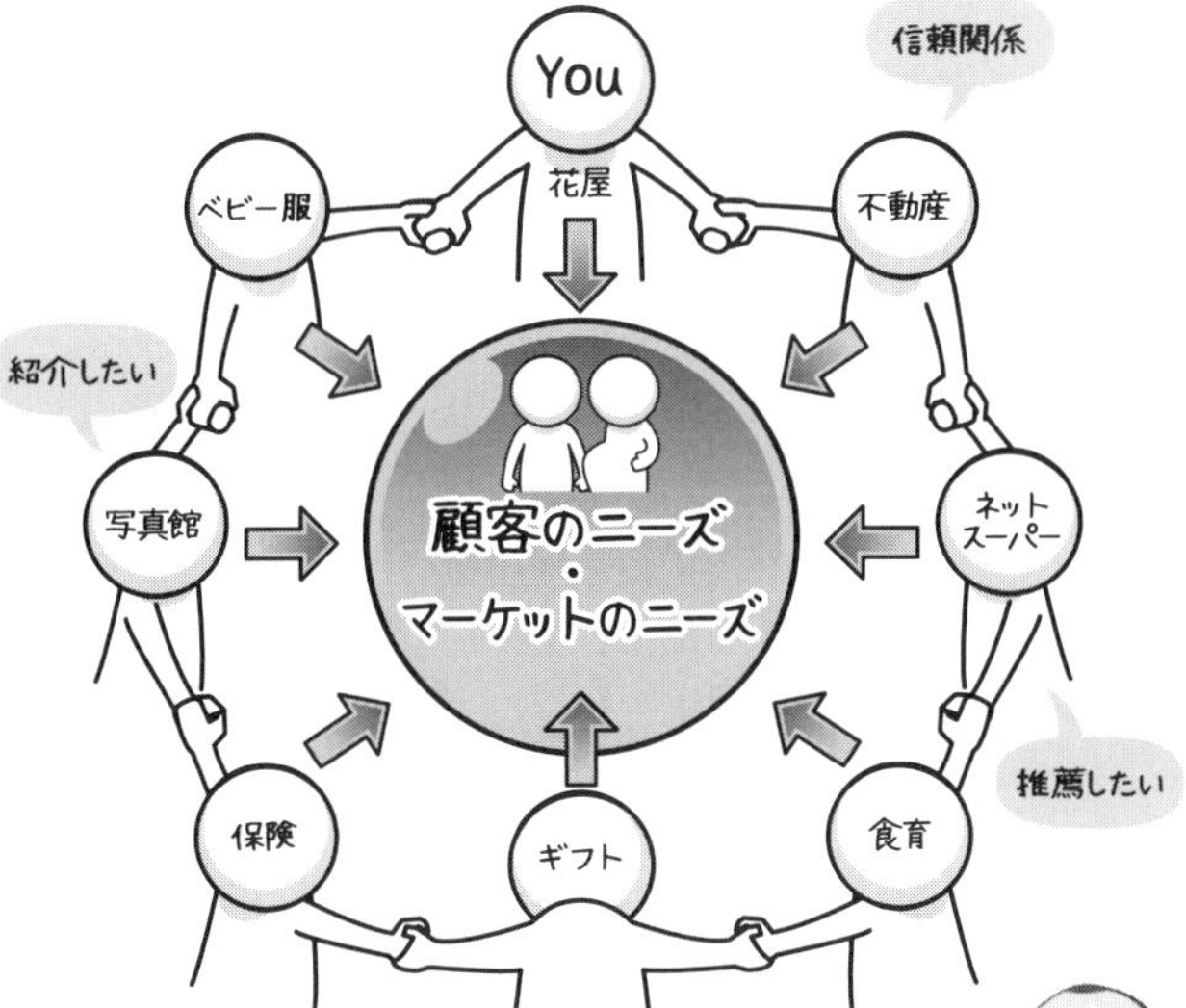

Point!
紹介というのは、他人を通じてでしか生みだすことができません。
協力関係を構築し、チームプレーをできることが必要最低条件となります。

またパワーチームは「GIVE」の実践を教え合い、GIVERを育成するという一面を持っています。「GIVE」の実践そのものが、相手の反応から学ぶということですから、学校などで得る学びとは一線を画す、大人の学び方です。「GIVE」を通じてニーズに応えながら、すでに持っている知識を手離し、さらに応え続けるためにはどうすればいいのか新しく発見し、学ぶという新しい学習スタイルです。

自らがニーズの高いビジネスを模索する手がかりを学びつつ「パワーチーム」のメンバーの誰もがスムーズにリファーラルを出せるように教え合うことで「パワーチーム」そのものを前向きに進化させることも可能です。信頼が土台にありますから、全く違う新しいニーズに対応することも可能となり、別のパワーチームとの連携や紹介もありえます。

さて、次はあなたが実践する番です。次の章では、ビジネスリーダーとして大きく成長するために何から始めたらいいいか、具体的な実践についてご紹介しましょう。

○実践のためのアドバイス

・「GIVE」の実践を豊かにするためのスキルアップに励もう。
・成功体験や失敗事例を分かち合うことで人の成功と自分自身の成功を助けることができる。
・「GIVE」を実践する者同士でチームを形成しよう。
・地域ニーズに応えるパワーチームで業績を伸ばそう。

第5章

AIにできない発想ができるリーダーとは

～今日からできる5つの実践

1　AIに働かされるのではなく、AIに働いてもらうために

スキルアップの方法

この章では、AI時代のビジネスリーダーが培っておくべきスキルについて、そのスキルが欠かせない理由、さらに具体的なスキルアップの方法をお伝えします。

人生100年時代と言われる昨今、生涯学習という考え方を身につけ、あらゆる機会から有意味感をもって学ぶ姿勢を真のビジネスリーダーは持っていると言われます。

この章でご紹介するスキルは、知識だけではなく実践、どれもAIに取って代わられることのない、真のビジネスリーダーのものです。それは人にしかできないことであり、人と人との間でしか生まれないパワーでもあります。ビジネスリーダーはビジネスリーダーにしかできないことを成し遂げ、AIにできることはAIにしてもらいましょう。

実践その①　自分と相手の理解を深める
実践その②「GIVE」を継続的に実践する
実践その③「GIVE仲間」を紹介し、推薦する
実践その④「GIVE」が「GIVE」を呼ぶ環境をつくることに徹する
実践その⑤　人格を磨く

この5項目はすべて、組織ビジネスの仕組みづくりに欠かせないものです。「その①」から順を追って実践してみてもよいですし、並行させることも可能です。ビジネスリーダーとしての一歩を踏み出す前であっても、今いる組織や家庭内に応用し、人生そのものを豊かにすることもできます。ＡＩがどれだけ進化しても、社会を築き、幸福をつくるのは人間なのです。

2　実践その①　自分と相手の理解を深める

知ることからスタート

どんなビジネスリーダーにとっても、コミュニケーションは、永遠の課題と言ってもいいでしょう。スキルの向上の第一歩は、何といっても自分と相手の理解を深めることです。

私は効果的なスキルアップとして、人間の行動スタイルを4つに分類し理解を深めるツールである「ＤｉＳＣ®」（ディスク・※）を推奨しており、私自身も講師となって、セミナーの開催に力を入れています。企業研修に採り入れられることも多いので、聞いたことのある方もおられるかもしれません。

ＤｉＳＣ®の考え方で最も重要なのは、全く同じ事象に遭遇しても、ＤｉＳＣ®スタイルによって捉え方が違うということです。

同じ課題に直面しても、どう捉えるかが違えば、解決の方法もプロセスも違ってくるでしょう。

現場で努力していると、自分自身には「成し遂げた」という実感があるにもかかわらず、相手、例えば上司や顧客にとっては「足らない」「不満」という行き違いが起こりがちです。ＤｉＳＣ®スタイルによる捉え方の違いを理解できていなければ、トラブルが起こる危険性も高まるのです。

ＤｉＳＣ®スタイルというのは、人それぞれに備わっているものであり、優劣はありません。ところが、自分とスタイルの違う人がどう捉えるかを知らなければ、自己満足に陥って、相手は不満を感じてしまいます。それが自らのＤｉＳＣ®スタイルを知り、接する人のＤｉＳＣ®スタイルを知ることで、対処方法を変えることが可能になります。

知ることからスタートし、それを念頭にスキルアップや行動指針を持つことで、コミュニケーション力が高まり、人間関係を良くする方向へとシフトできるといえるでしょう。

※脚注「ＤｉＳＣ®」、「Everything DiSC®」は米国 John Wiley & Sons 社の登録商標です。日本語版開発及び、総販売代理権はＨＲＤ株式会社が所有しています。

自分自身がわからない不思議

コミュニケーションスキルの向上というと、チームのメンバーや顧客について理解するというように捉えられがちです。ところがドロ沼ドラマにはまっているビジネスリーダーはそれ以前に、自分のことがわからないままビジネスをしていることが圧倒的に多いのです。これではチームのメンバーや顧客について理解することもできません。

過ごしてきた環境、受けてきた教育、手持ちの資金、人脈、何を大切にしているか、自分についての理解は、後回しにされがちです。自分を知る。ここから取り組んでいく必要があることに、多くのビジネスリーダーはなかなか気づくことができません。

例えばお金の使い方1つとっても、家族、友人、時間など、大切にしていることを自覚できていれば、戦略的に決定することができるでしょう。自分を知ることは、様々な問題解決の糸口とも言えるのです。

では、ビジネスリーダーが自分を理解すると、コミュニケーションに何が起こるでしょうか。

人の強みはそれぞれ異なります。

ビジネスリーダーの多くは、自分自身が発揮している能力こそ、もっとも価値があると思い込みがちです。そうした偏った考え方に気づかないままでは、チームメンバーそれぞれが発揮している能力を認めることもできません。

それどころか、自分自身が想定する力量に相当しないメンバーを「仕事ができない」と決め付けてしまうことも多々あるのです。

ＤｉＳＣ®のセミナーでは、まず自らのＤｉＳＣ®スタイルを知り、自分がどんな特性を持ち、どこに大きな価値を置くか確かめることができます。その際、あくまでそうした特性や価値観は、多彩な傾向の内のほんの一部分にしか過ぎないことを理解できるでしょう。実際には、社会で接する人は、自分とは違うタイプの人のほうが多いのです。

認識の仕方がそれぞれ違う

DiSC®セミナーは、多彩な内容を含んでいますが、ここでは4つのスタイル分けに絞ってご紹介しましょう。

タイトルのDiSC®は、次の4つのスタイルを表しています。

・Dスタイル：主導・直接的で決断が早い
　意志が強く、勝気でチャレンジ精神に富み、行動的で結果をすぐに求める傾向があります。

・iスタイル：感化・楽観的で社交的
　色々なチームに加わり、アイデアを分かち合い、人々を励ましたり楽しませたりすることを好みます。

・Sスタイル：安定・思いやりがあり、協力的
　人助けが好きで、表立つことなく働くことを好み、一貫性があり予測可能な範囲で行動し、聞き上手です。

・Cスタイル：慎重・緻密で正確
　仕事の質を高めることを重視して、計画性を持って系統だった手順で作業することを好み、間違いのないように何度も確認します。

DiSC®ではこの4つのスタイルで認識の仕方がそれぞれ違うということを重要視します。この違いは欲求に基づくもので、同じ場面に遭遇しても、働かせるセンサーの違いとなって表れます。

【図表 21　４つの DiSC® スタイル】

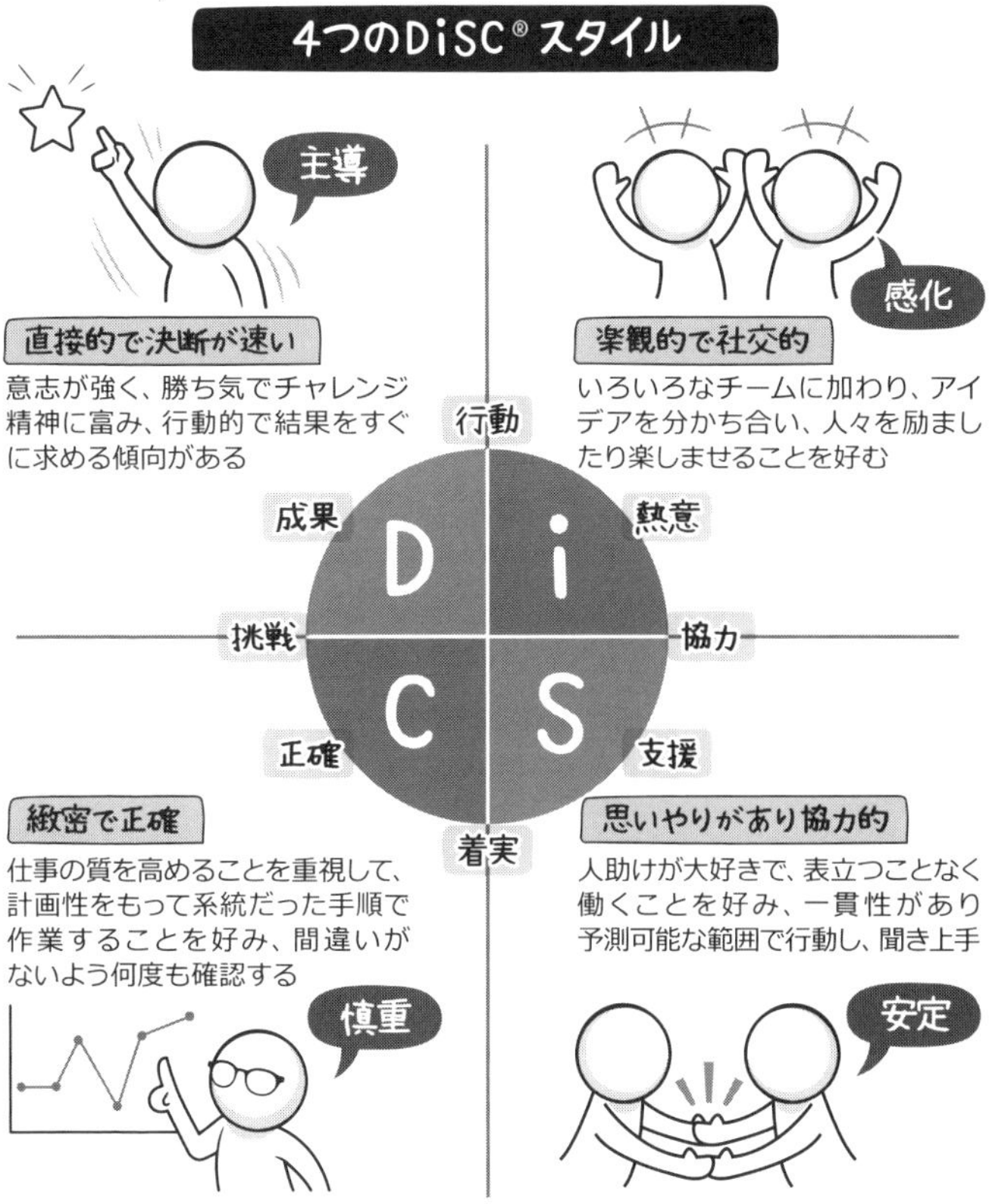
4つのDiSC®スタイル
主導
直接的で決断が速い
意志が強く、勝ち気でチャレンジ精神に富み、行動的で結果をすぐに求める傾向がある
感化
楽観的で社交的
いろいろなチームに加わり、アイデアを分かち合い、人々を励ましたり楽しませることを好む
行動
成果
熱意
挑戦
協力
正確
支援
着実
D
i
C
S
緻密で正確
仕事の質を高めることを重視して、計画性をもって系統だった手順で作業することを好み、間違いがないよう何度も確認する
思いやりがあり協力的
人助けが大好きで、表立つことなく働くことを好み、一貫性があり予測可能な範囲で行動し、聞き上手
慎重
安定

Point!

DiSC®とは、欲求を動機とした行動モデルである

- 人間関係の改善や問題の解決
- モチベーションやストレスの管理
- ビジネスのサクセスとプライベートのハピネス
- コーチングやカウンセリングスキルの向上
- 自分を知る

例えば取引先から「合同で福利厚生目的のスポーツイベントをしませんか」という誘いがあったとしましょう。

楽しむことを大切にする「iスタイル」は「楽しそう」とプラスに反応します。

フレンドリーであることを大切にする「Sスタイル」は「仲良くなれそう」とプラスに反応します。ところがスピードを重要視する「Dスタイル」は「その半日で、もっと成果を上げるべきだ」とマイナスに捉えるかもしれません。

また仕事とプライベートの線引きをはっきりさせたい「Cスタイル」は「会社の行事が増えるのは歓迎できない」と、やはりマイナスに捉えるかもしれません。

組織のメンバーが同じゴールを目指してこそ、ビジネスは成功します。組織の目標が掲げられても認識の仕方がバラバラであれば、一丸となって達成させるのは至難の業です。

では、同じスタイルの人を集めれば、うまくいくのでしょうか。

他社と合同のスポーツイベントで、楽しむことを大切にするスタイルの人ばかりが集まれば、盛り上がるかもしれませんが、仕事のスケジュールはそっちのけになるかもしれません。同様にフレンドリーであることを大切にするタイプの人ばかりだと、他社のメンバーと仲良くなったがゆえに、ビジネスでシビアになるべき場面でも譲ってしまうようになるかもしれません。スピード重視の人ばかりだと、そもそもイベントは成立しない可能性があります。仕事とプライベートのメリハリをつけたい人ばかりの場合も同様です。

様々なスタイルの人が、それぞれの特性を活かしながらゴールを目指すことができれば、例えばこんな展開が考えられます。

スピード重視の人は予定外の半日をイベントに使うため、てきぱきとスケジュール調整をしてくれそうです。仕事とプライベートのメリハリをつけたいスタイルの人は、参加するメンバーや世話役を担う人にとって不公平にならないように予算を配分して参加者プレゼントを用意してくれるかもしれません。フレンドリーなスタイルの人は、皆が仲良くなれるようなプログラムや機会を用意するでしょう。楽しむことを大切にするスタイルの人はイベントが楽しくなる方向に知恵を出すに違いありません。

イベントが盛況に終わって取引先との関係が近くなり、業務がよりスムーズに進むようになれば、4つのスタイルが協力し合ったことによるゴール達成といえるでしょう。

スタイルのバリエーションをチームの強みにする

これをビジネスに当てはめてみても、様々なスタイルの人が、それぞれの特性を活かしたほうが、目標を達成させやすいというのは簡単に想像がつきます。

ただしスタイルの異なるメンバーが、ただ集まっただけでは「噛み合わないチーム」かもしれません。そうしたメンバーのスタイルを、目標達成に活かすことこそ、ビジネスリーダーが発揮する手腕です。極端な話、あるスタイルの人にとっては苦しい仕事が、別のスタイルには楽しいこともありえます。それぞれのメンバーが持つ価値観にふさわしいタスクをそれぞれに分配できれば、すべてのメンバーが持ち味を十二分に発揮することになるのです。

また掲げている目標についても、スタイルによる受け止め方の差を考慮して理解を求めれば、それぞれがモチベーションを高めることができます。ＤｉＳＣ®スタイルがわかれば、ベストな配属や環境づくりを進める上での大きな手掛かりとなるでしょう。

ここで、ふと胸に心配がよぎる方もおられるかもしれません。「うちのチームは全員が似た者同士だ。スタイルにバリエーションがないということは、脆弱な組織なのではないだろうか」

ここがチーム運営の素晴らしく、興味深いところです。

例えば、全員がスピード重視のタイプだと判明したとしましょう。もともとは、ほかのスタイルに見られる慎重さ、フレンドリーな関係構築などは望めないチームかもしれません。ところがチームのリーダーを含めた全員がこの結果を共有したとしましょう。さらにセミナーなどでは、慎重さ、フレンドリーな関係構築も、ビジネスの目標達成には無視できないことを学ぶ機会があったとします。するとスピード重視のスタイルがそれを意識するようになるのです。

人によっては「これまでうまくいかない場面では、ひょっとして慎重さが足りなかったのではないか」と、少し慎重にシフトします。また「フレンドリーな関係構築が乏しいから、顧客とぎくしゃくするのではないか」と問題解決の手がかりを得る人も出てくるかもしれません。

するとスピード重視一辺倒だったメンバーが、別のスタイルに多い特性を少しずつ備えることになります。それによって、それまでは足りなかった配慮や気づきが生まれ、チームに新しい強さが生まれ、しなやかさが培われることになるのです。

人は必ず変われます。それがゴールに向けて有意義な変化だと自認できれば、より一層積極的に自分を少しシフトすることができるのではないでしょうか。

必ずしも同じスタイルが集まる必要はない上に、タイプが異なるからといって対立するとは限りませんし、同じスタイルが集まっていてもマイナスにはならないのです。

ビジネスにおけるチームは、目標を達成するという価値観を共有していれば前進できます。スタイルが異なるというのは、目標を達成するうえでのアプローチが違うということにほかなりません。スタイルの違いを理解し、認識したうえでチームを運営すれば、チームを成功に導くことができます。

ＤｉＳＣ®は、毎年世界中で１００万人以上の人々に活用され、行動分析アセスメントのスタンダードになっています。大手企業を含め、世界中の大小何万もの組織で使用されています。

その成果は多数報告されています。その一部をご紹介しましょう。

例えばＤスタイルの経営トップが「成果にフォーカスし、知らず知らずのうちに威圧的なコミュニケーションを取っていた」というケースです。

部下が表現を考えながら報告しようとしていると、イライラが態度に出て、部下が委縮し、何も言えなくなってしまっていたのです。そのリーダーがＤｉＳＣ®のセミナーを受講したことで、自分の言動がどんな影響を与えていたのかを認識。当たり前だと思っていた言動を意識して変えると、企業内の雰囲気がよくなり、離職率が下がったのだそうです。

全社員に導入して相乗効果を上げている組織も増えています。スタイルを知ることが、人間関係の構築に重要であることを裏づけていると言えそうです。

バックグラウンドを知ることの効用

チームで新たな未来を築き上げるにあたって、ダイバーシティを許容する文化が必要不可欠というのは、すでによく知られていることでしょう。

ダイバーシティ（diversity）とは「多様性」のことです。人間は人種、性別、年齢、身体障害の有無といった表面的な違いだけでなく、宗教、価値観、社会的背景、生き方、考え方、性格、態度、嗜好など、内面も多様です。

チームメンバーとゴールやビジョンを共有するためには、価値観の違いを受け入れ、認め、活かしていくという考え方が重要になります。そのためにはバックグラウンドをお互いに開示し、価値観を共有することが大切なのです。

チームメンバーの土台を成している膨大なバックグラウンドには、今の情熱、価値観、ゴール、実績、趣味、興味、スキル、資格、人脈などの裏づけとなる、多彩な要素が含まれています。それを知ることは、コミュニケーションの大きな手掛かりとなりえるのです。

その中には、本人にとって積極的には語りたくないことも含まれていることでしょう。例えば現在している仕事は、第一志望ではなかったかもしれません。目指していた道をケガのために断念したというような過去を、親しい人にしか語らない人もいます。

ところがそうした過去が、本人の情熱、興味、価値観、人脈といった、本人の魅力に直結していることも少なくないのです。また、そうした経歴に配慮すべき場面もあるかもしれません。過去を知るということは、より繊細なコミュニケーションを取ることにつながるのです。

とはいえ、言いにくい過去を言ってもらえる関係と、そうでない関係があります。上司と部下の関係であれば「部下のことがよくわからない、何も言ってくれない、聞いてもたいしたことは出てこない」という場合もあるかもしれません。ここで無理やり聞きだそうとするのはハラスメントでしかありません。では、どうすればいいのでしょうか。

これも自分自身を深掘りすることで、器を広げるしかありません。自己分析では、自分に足りない部分が見付かります。足りない部分がネックになって、心を開いてくれないということは多々あるでしょう。さらに自分自身を狭くしか捉えていない人は、相手から多くを受け取ることができません。つまり自分の器が小さいと、相手についても狭く捉えることしかできないということです。認知にバイアスがかかっている状態です。

それが自分のスタイルを知り、過去を振り返り、自分の探究をし続けることで、周囲が変化し始めます。ビジネスリーダーであれば、自分自身の方向性、使命をしっかり認識できているかといったような深い自己理解が、周囲とのコミュニケーションレベルを高めます。

自己分析とは、器を広げ、コミュニケーションレベルを高めることです。器はその人の土台であり、存在価値とも言えるのです。

互いに理解することが、目標達成の近道

チームメンバーが互いに理解を深め合うことは、組織がパワーを発揮するにあたり、とても重要です。というのも、組織で目標を達成するには、リーダーだけが発奮するのではなく、メンバーそれぞれが強みを発揮することがとても重要になるからです。さらに多様性を認め、活かし、同じ価値観と目標を共有できる方向へとシフトし、習慣化できるかどうかが成功の鍵を握ります。リーダーの力量とは、そうした環境づくりそのものです。

またチームに起こる様々な問題は、ワンパターンな方向から、いつも同じようなレベルで対処しようとしても、解決しにくくなっていきます。相互にバックグラウンドを見つめ、それを承認し、共に「ありがとう」と言い合える環境が整ってこそ、問題解決の糸口が見つかり、チームが本来持つパワーを発揮できるのです。多様性を認め、メンバーそれぞれの過去を見つめると、チーム全員が価値のある目標に共感し、ゴールを共有しやすくなります。ここにも成功の重要な鍵があるといえるでしょう。

コミュニケーションといえば「話すこと」「聞くこと」の手法がクローズアップされがちですが、

その根底にあるあなたの感情や精神、スピリットこそが大きくものを言うのです。

○まとめ　実践その①「自分と相手の理解を深める」

・スタイルを把握してアプローチに活かす。
・バックグラウンドに基づいて接し方を考える。

3　実践その②「ＧＩＶＥ」を継続的に実践する

成功と「ＧＩＶＥ」の相関関係

本書では一貫して、成功と「ＧＩＶＥ」の相関関係についてご紹介しています。

「ＧＩＶＥ」の大前提は、見返りを求めない、期待すらしないということです。「ＴＡＫＥ」を求める「ＧＩＶＥ」は「ＧＩＶＥ＆ＴＡＫＥ」であって「ＴＡＫＥ」が求められていると感じた相手は受け取りにくいかもしれませんし、あなたも「ＴＡＫＥ」がないと「ＧＩＶＥ」にしこりが残る場合があるでしょう。

そんなときはぜひ「ＧＩＶＥ＆ＧＩＶＥ」の法則を思い出してください。

「ＧＩＶＥ」は、その相手だけではなく、巡り巡って、あなたにも成功をもたらします。それが「ＧＩＶＥ＆ＧＩＶＥ」の不思議であり、最大の魅力でもあります。

「ＧＩＶＥ」を成功に結びつけるコツは、１つだけです。

それは、あなたが「繋がりたい人、どうして繋がりたいか、繋がってどうなりたいか」といったビジネスのビジョンや目標や大義を周囲と分かち合い、常日頃から広くアピールし続けておくことです。あなたから発信し、周囲のニーズにも応えていると、障壁や嫉妬が消えて、ニーズを叶え合う文化が醸成されていきます。これこそビジネスの桃源郷とも言えるかもしれません。

してほしいこと、してほしくないこと

とはいえ「ＧＩＶＥ」とは何を指しているのか、ビジネスでもプライベートでも、最初は戸惑うことのほうが多いかもしれません。

試しに、家族への「ＧＩＶＥ」について考えてみましょう。

家族は社会生活の最小単位です。同時に水面下でビジネスにも影響を及ぼしています。そのためビジネスでの行き詰まり、ドロ沼を吐露する人に、よくよくヒアリングしてみると、プライベートにストレスを抱えていたというのは、ありがちなパターンです。

家族の誕生日に、何かプレゼントをしたとします。それはとてもわかりやすい「ＧＩＶＥ」ですね。家族であればもっと些細なことでも、喜びを分かち合うことができるでしょう。例えばネット検索をしていて、たまたま家族の誰かにとって気になるニュースを見かけたら「このニュース、さっきアップされたばかりみたいだよ」と知らせるだけでも、笑顔を交わすことになるのではないで

しょうか。どんな話題で笑顔になるのか、それは家族のように近しい人しか知りえないことが大半です。「覚えていてくれた」「わざわざ、教えてくれた」というだけで、特別なプレゼントではなくても、きっとそれは「ＧＩＶＥ」に値します。

ビジネスでの「ＧＩＶＥ」も、些細なことが出発点です。相手の立場に立って「ＧＩＶＥ」を実践する習慣を身につけること、それが「成功習慣」につながるのです。

ただし相手の立場に立つといっても、簡単なことではありません。家族であっても、うまくいかないことが山ほどあります。「どうして怒っているの」とわざわざ尋ねても答えてもらえないことがあるでしょう。それが「ゆうべ、せっかく書いておいたメモを見てくれなかった」といった、ごくごく些細なことだったりします。

ビジネスでは多くの場合、怒ってもくれないため、余計にうまくいかない理由がわかりません。例えば「顧客から急な連絡があって、新規プロジェクトのミーティングに参加できない」としましょう。正当な理由があるのだから、周囲はみんな理解してくれていると思っていても、それが度重なると、人間関係のドロ沼ドラマが発生します。

この場合、みんなが大切にしている新規プロジェクトのミーティングに、きっちり参加できることそのものがまず「ＧＩＶＥ」に値します。そして欠席するにしても、理由を強調して正当化するのではなく、欠席者にもできることをしたり尋ねたり次回に向けて協力するといった、幾通りもの「ＧＩＶＥ」が考えられます。

相手の立場や状況だったら、どうしてもらうと嬉しいか。それを知ろうとすることそのものも「GIVE」に値します。無理やり聞き出そうとするのは、かえって信頼を損なうかもしれません。相手がどんな人か、自分はどんな人間か、知ることが先決です。「実践その①」でご紹介したように、自分と相手の理解を深めることが「GIVE」を実践には欠かせないといえるでしょう。

SNSで得られるもの、得られないもの

巷では「GIVE」をSNSで実践すればいいという考え方もあるようですが、私は慎重です。ツイッターやフェイスブック、ラインでのコミュニケーションは盛んですし、私も例にもれずSNSを楽しんでいます。SNSだからこそのコミュニケーションにメリットを感じているのも確かですが、一辺倒になるのには賛同できないのです。

第4章ではBNI®が毎週の定例ミーティングでの対面を基本にしていることをお伝えしました。何でもSNSで事足りる昨今、直接会うリアルミーティングが時代に逆行しているようなイメージを持つ人もいるかもしれません。

結論から言うとSNSのみの関係では「GIVE」やリファーラルを実践することはできないと考えています。現実で信頼の人間関係が構築されている場合のコミュニケーションを補完する手段としてSNSを活用するのは有効だと思います。SNSのみで人のキャラクターやバックグラウンドを把握するのは限界がありますし、信頼関係を構築するにも無理があると考えるからです。

ＳＮＳで表現できるのは、あくまで文字情報と画像情報、動画を含めても限られた映像と音声までです。感情をやり取りしようとするとリスクが伴います。

あなたが上司や顧客の真意を知りたいと切に願うとき、何に注目するでしょうか。例えばあなたが話題を投げかけたときの表情や態度、声のトーン、あるいは沈黙などが、かなり気になることでしょう。信頼関係を構築するという重要な場面では、言語外のコミュニケーションに大きなヒントがあるものです。それをＳＮＳから読み取ることはできません。

ＳＮＳで茶飯事となっている「炎上」も、受け取った人がどんな気持ちになり、どんな反応をするか十分に吟味できていないケースが大半です。話題になるのは有名人の「炎上」がほとんどですが「炎上」はどこででも起きています。

ＳＮＳが功を奏するのは、価値観が揃っていることがわかっている場合です。自分自身の情報を十分に開示できますし、発信に対するリアクションを予測することが可能だからです。リアルミーティングで培っている人間関係構築を補足する手段くらいに考えたほうがいいように思います。「ＧＩＶＥ」は些細なレベルから実践できますが、自分の本気度、相手のリアクションを把握することについては、決して生半可であってはならないのです。

喜怒哀楽をリアルに共有できる関係づくりが「ＧＩＶＥ」の土台を成すといえるでしょう。そのためにはリアルなアクティビティ＝実際に時間を割いて会うことや接点を継続的にもつことが欠かせないのです。

自分の中に、相手にとっての「ＧＩＶＥ」を探す

「ＧＩＶＥ」には４つの段階があります。

◆第一段階「モノ＝商品・サービス」

誰かに既にある何かを「差し上げる」あるいは「販売する」ことをイメージしたとき、まずはモノが思い浮かぶでしょう。紹介の対象としても「これ使ってみてよかったよ」などと、おすすめするというのは、もっともわかりやすい直接的な「ＧＩＶＥ」の貢献のあり方です。サンプルを用意したり、モノの情報を提供したりすることで、それを必要とする人にとってアクセスしやすくなります。

◆第二段階「製品の製造方法」

既にあるモノそのものではなく、自らが生み出した加工、製造、開発のスキルや方法を伝授するという「ＧＩＶＥ」は、ビジネスの交流から生まれがちです。このノウハウと呼ばれるものは不思議なことに、全くの異業種に、想定していなかった有用なヒントをもたらす場合もあります。

例えば花の栽培をしている人の流通方法が、別の業界のヒントになることがありうるのです。優れたスキルやビジネスの考え方は、業種を超えて影響力を持つということでしょう。

◆第三段階「経験、体験」

モノやノウハウ以上に貴重な「ＧＩＶＥ」となりえるのが、経験や体験です。プロジェクトの危機を乗り切った経験、海外展開で他国とコミュニケーションを取った体験など、それを受け取る人

が全く同じ立場に立つことがなかったとしても、それを参考にしてもらえますし、マインドやスピリットは大きな影響を及ぼすはずです。

なお、体験の「ＧＩＶＥ」は、提供側にもいい効果をもたらします。アウトプットによって整理され、自分の中に新しいスペース（可能性の領域）が生まれるからです。

◆第四段階「変革、前進」

モノでもノウハウでも経験でもなく、変革や前進につながるエネルギーをもたらす言動は、かなり大きな影響力を持つ「ＧＩＶＥ」と言えるでしょう。優れたビジネスリーダーは、人の人生を変えてしまうほどの影響力を持つものです。活躍の場を提供し、飛躍のチャンスをもたらすことなどがそれに当たります。殻を破れない人に寄り添い、伴走することで、その人がピンチを切り抜ける勇気を持つことになるかもしれません。

例えばあなたがビジネス上の知り合いから展示会に誘われたとします。「この展示会は案内の対象が限られているけれど、あなたにもきっと役立つと思って」と言われ、機会を提供されたとしたら、嬉しい気持ちになるのではないでしょうか。声をかけ、関わって、チャンスやきっかけをもたらす。このように人に機会を提供することは、相手にとってビジネスの起爆剤となる大きな贈り物に発展していく可能性を秘めているのです。

第一段階から順に、少しずつ難易度が上がっていく印象を持つかもしれませんが、ビジネス経験値の浅い人に第四段階は無理というような指標ではないのです。ただ、もし第一段階なら可能だと

【図表22　ＧＩＶＥの４段階】

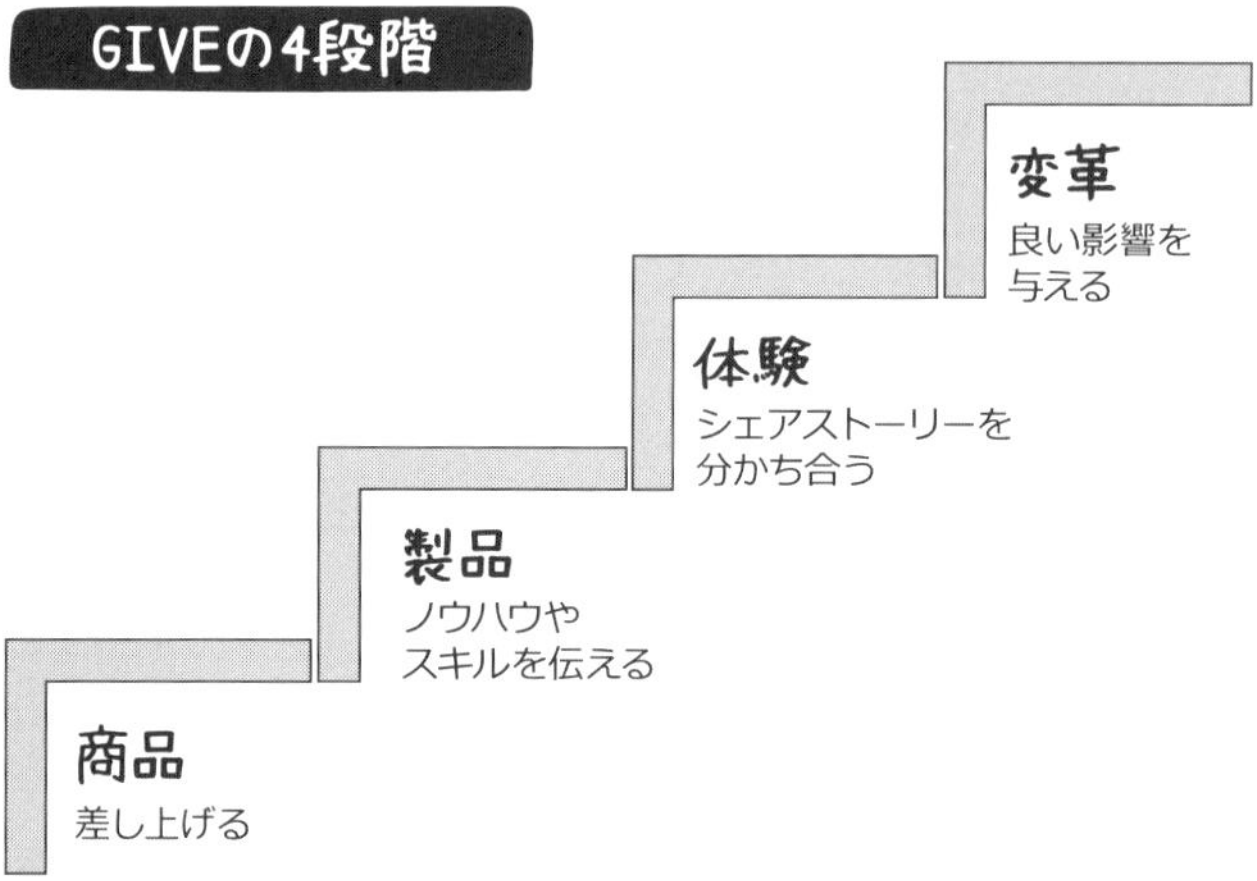

Point!

優れたビジネスリーダーはあらゆる機会をチャンスに変えてしまうほどの影響力を持つものです。

例えば活躍の場を提供し飛躍のチャンスをもたらすこともあるでしょう。

殻を破れない人に寄り添い伴走することで、その人がピンチを切り抜けることができるようサポートを惜しみません。

感じた人は、それだけに留まるのではなく、第二、第三、第四と「ＧＩＶＥ」がいいステップを踏むように、意識してみてはいかがでしょうか。

「ＧＩＶＥ」には人格がにじみ出る

モノではなく、ノウハウでもなく、情報でもない「ＧＩＶＥ」について、認識している人はとても少ないでしょう。先程の段階の話でいえば「変革」を「ＧＩＶＥ」として意識するには、ある程度の鍛錬が必要かもしれません。

ところが「ＧＩＶＥ」は、意識して実践するものばかりとは限らないのです。むしろ、人は無意識に「ＧＩＶＥ」していることが、想像以上に多いといってもいいでしょう。

ビジネスリーダーは、責任者と呼ばれることも少なくありません。責任ある言動を貫くことが求められ、それを遂行できるからこそ、責任者のポジションに就くことができるのです。

とはいえ責任者とされる立場の人が、必ず責任をまっとうしているかといえば、そうでもありません。ニュースでも頻繁に「責任逃れ」「無責任発言」などといった非難を浴びるケースは多々あり、多くの人をがっかりさせます。

大きな責任を負う人がそれをまっとうする姿、一貫して責任ある言動を取る姿勢は、それそのものが「ＧＩＶＥ」と呼ばれていいものです。そうなると「ＧＩＶＥ」は何か具体的な言動を指すのではなく、人間性を高め、人格を磨いたがゆえに、にじみ出てくるものと言ってもいいでしょう。

例えば、お茶目で、フランクで、おおらかな人が、チームに加わるだけで場の雰囲気をよくするというケースなら、思い当たるのではないでしょうか。ムードメーカーとも呼ばれ、その人が加わった途端、チームの士気が上がり、いい結果を出す確率が上がることもあります。

そんなキャラクターは、一夜にしてできあがったわけではないはずです。好感度の高いキャラクターは、無意識の「GIVE」が積み上がって形成されるのでしょうし、さらにそうした蓄積が、無意識のうちに周囲への「GIVE」になっているのでしょう。

あるべき理想像、責任ある行動、そうした確信をもった言動を継続的に積み重ねることで、意識から無意識が醸成されるのです。「GIVE」の実践が魂の成長に繋がるのです。

何を意識し、重要視するかで「GIVE」は変わり、人格も変わります。そして人格が変われば、そこからにじみ出る「GIVE」も変わります。

人格と「GIVE」は、ニワトリと卵のような関係かもしれません。人格については「実践その⑤」でも詳しくご紹介しましょう。

ビジネスリーダーは「GIVE」を進化させる

ビジネスリーダーが部下に「GIVE」を実践しようとするとき、それはスポーツのコーチに近いアプローチになるでしょう。ここで少し、考えられる「GIVE」を想像してみましょう。

まだ何も実践できていないと思うビジネスリーダーは、第一段階、つまり商品やサービスの「G

ＩＶＥ」から実践しようとするかもしれません。

スポーツのコーチがそうするように、仕事がスピードアップするような道具をすすめたり、喉が痛いようなら喉飴を分けたりする等です。モノを介したコミュニケーションは、最も具体的でわかりやすく、短時間でリアクションを得やすいといえるでしょう。

さらにビジネスリーダーにとって、最も力を入れるべきなのは、ノウハウについてアドバイスすることでしょう。チームのメンバーや部下がトラブルを回避でき、スムーズに仕事を進めて、目標を達成できるように、情報やノウハウを提供するはずです。この段階でリーダーはメンターであり、ティーチャーであり、コーチです。場合によってはドクター、カウンセラーの役目も果たします。悩みを抱えているメンバーがいれば、まずは悩みを共有し、場合によっては一緒に解決方法を探し、実践をサポートするでしょう。

こうしたアドバイスやノウハウの共有は、多くの場合、リーダーの経験に裏づけられてはいますが、仕事に紐付けられている範囲から出ることは稀です。ところが部下は機械ではありませんから、バージョンアップしたソフトを導入した途端に成長するわけではありません。リーダーが経験談を「ＧＩＶＥ」するということは、部下が未来像やビジョンを描く手助けとなります。ビジネスリーダーは、どんな経験談を部下に紹介すれば、より部下の成長を促すことになるか、意識して語るでしょう。その多くは、大きなプロジェクトを任されたときに、どんな心の動きを体験したかといった、メンタルな部分も含まれるはずです。また、仕事と家庭の両立といったプライベートに踏み込んだ話題も避けては通れません。1人の人間にできる経験には限りがありますから、ビジネスリーダーの経験談を共有することは、互いの成長の糧になる可能性が高いといえるでしょう。

コミュニケーションを積み重ねることで、その相手に適切な「ＧＩＶＥ」がわかってきます。例えば有能なスポーツのコーチは、具体的なアドバイスではなく叱咤激励するだけで、勝たせるほどの影響力を持つでしょう。使命感を帯びたコーチは、そこにいるだけで存在感を放ちます。どんな「ＧＩＶＥ」も、人が成し、人が受け止めます。同じことを言っても、語る人のキャラクターやバックグラウンドで、説得力は全く違ったものになるはずです。

相手の人生を変えるような「ＧＩＶＥ」が、一夜にして成り立つわけもありません。

「GIVE」とは何か、自分には何ができるのか、どんな可能性があるのか。リーダーシップを発揮するということは、自己を見つめて考えて実践を積み重ねて器を大きくしていく道のり、終わりのない旅なのです。良心がにじみ出るような人物は、人の喜怒哀楽をその人の立場でわかっていて寄り添える人物であり人格者といえるでしょう。より高いレベルで「ＧＩＶＥ」の実践ができるように意識していきましょう。

○まとめ　実践その②　「「ＧＩＶＥ」を実践する」

・相手の立場に立つ。
・4段階の「ＧＩＶＥ」を意識する。

4　実践その③「ＧＩＶＥ仲間」を紹介し、推薦する

人と人をつなぐ奇跡のシフト

些細な「ＧＩＶＥ」であっても心がけて続けていれば、転機が訪れます。あなたのことを紹介したいという人が、必ず現れるからです。そうです、誰かが必ず見てくれているのです。

それは、得意としているビジネスの範疇におさまる場合ももちろんありますが、意外にも「どうしてそんな紹介をしてもらえるのだろう」というリファーラルも少なくありません。例えば周囲を感動させた発言が、誰かを勇気づける「ＧＩＶＥ」になっていたとしたら、本業とは全く別の観点から、あなたの魅力に光を当てる人が現れてもおかしくはありません。「事業の立ち上げに意見をもらいたい」「講師として招きたい」といったオファーもありえます。

というのもリファーラルの実践には「こうでなければならない」という法則がないからなのです。しかも「ＧＩＶＥ」そのものが、どんな影響を人に与えているかわからないとも言えます。人によってはあなたの行動に「気づかされた」「教えられた」と言うかもしれません。当たり前にやってきたことに「影響された」と言われて驚くかもしれません。でも、紹介されることで、また重要な学びを得ることができます。

「ＧＩＶＥ」をきっかけにした紹介は、人と人をつなぐ奇跡のシフトだということです。

あなたが誰かのためを思って、自分の損得と関係なく「ＧＩＶＥ」する人であれば、同じような価値観で「ＧＩＶＥ」する人と、必ず共感できます。

仮にこの人を「ＧＩＶＥ仲間」と定義づけてみましょう。「ＧＩＶＥ仲間」はあなたと同様、周囲の誰かに、何か役立つことはできないかといつも考えています。もちろん、その対象にはあなたも含まれています。そんな「ＧＩＶＥ仲間」には、必ず別の「ＧＩＶＥ仲間」が力を貸してくれるのです。「ＧＩＶＥ仲間」は繋がり合い「ＧＩＶＥ」は連鎖します。すると何が起こるでしょうか。

あなたが困ったとき、あなたにとって必要だが手に入らない何かがあるとき「ＧＩＶＥ仲間」はそれを放っておいたりしません。もちろん、あなたも同じでしょう。自分の知っている情報を提供しようとするはずです。それが「ＧＩＶＥ」とリファーラルの相関関係です。

「六次の隔たり」というキーワードが話題になったことがあります。フェイスブックによる実験の結果、「会いたい人、繋がりたい人が、どんなに会える可能性の低い存在であったとしても、５・７人を介せば必ず繋がれる」という出会いたい人と出会える法則のことです。

必要なのは「こんな人と会いたい」「この人と会う方法はありませんか」と、自分自身が具体的にイメージすること。また、どうやったら探し当ててもらえるのか、しっかりと引き合わせてもらえるのか、自分から発信しながら関係を構築することです。

紹介はポジティブなアクションです。そのためポジティブな人が集まる環境に身を置くことはも

【図表 23　六次の隔たり】

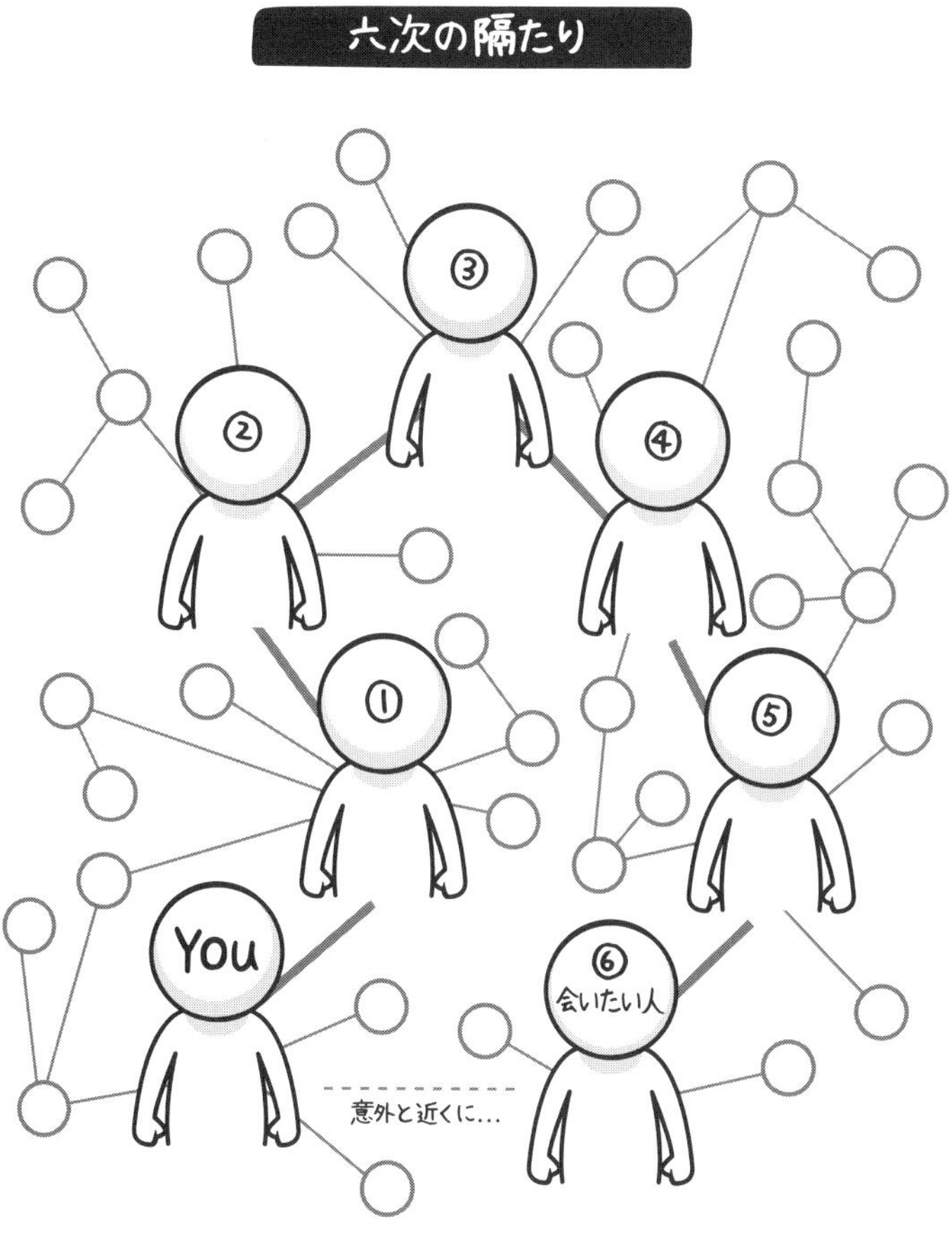

Point!

プロフェッショナルなリファーラルマーケティングスキルを身に着け、明確にセグメントすることによって会いたい人と出会うことができるようになります。

ちろんのこと、ポジティブではない言動がなくなっていくように、実践していく必要があります。1人ひとりが身に付けている「ＧＩＶＥ」という成功習慣は、2乗に、3乗に膨らみ「みんなで成功しよう」という環境づくりに発展しうるのです。

「ＧＩＶＥ」は思いがけない可能性の宝庫

ひとくちにリファーラルといっても、その中身は様々です。

あなたは友人に「おいしいお店を知っていたら、紹介して」と頼んだことがあるのではないでしょうか。それが本であっても、映画であっても、すでに値段のついている商品やサービスの紹介であることに変わりはありません。私がお伝えしているリファーラルにも、そうした紹介が含まれています。

例えば「わかりやすく説明してくれる税理士さんを紹介してほしい」「事業所の移転で困っているけれど、誰に相談したらいいだろう」といった解決すべき問題が明らかな場合は、その分野を本業としている企業や人を紹介することとなり、とてもシンプルです。

リファーラルマーケティングの魅力は、そこから一歩も二歩も進んだところにあります。

これからの時代をつくる新しいビジネスはＡＩだけに任せる展開ではなく、人間にこそできる開拓が主流となるでしょう。すでに多くのビジネスリーダーは、新しいビジネスの創成にしのぎを削っています。

そうした創成期においては、全く別の業界とのコラボレーションで新サービスが生まれるということがあり得ます。介護施設とロボット開発メーカーが、介護ロボットを開発するといったコラボレーションに代表される異色の出会いが求められているといえるでしょう。

値段のついたモノでもサービスでもない以上、こうしたコラボレーションには人と人の相互作用が大きく影響します。つまり技術や経験があっても意欲や心遣い、信頼そのものがなければ、他業界と新しい前進を試みるなど難しいでしょう。ですから、こういう場面では経験年数よりも、人柄のほうが優先されるのです。全く縁のない業界の人と、人柄重視で出会うとなると、紹介しか考えられません。あなた自身がアンテナを張って「ＧＩＶＥ仲間」をよく見つめてみると、こうした可能性が少しずつ見えてくるはずです。

私が本書で「ＧＩＶＥ」と同時にコミュニケーションをクローズアップしてきた意義が、こうしたリファーラルを実践する際には、より切実に理解していただけるのではないでしょうか。

あなたが紹介する相手は、あなたを十分に信頼して、知らない第三者を味方として迎え入れます。新しいビジネスですから、ミーティングの席では多少の企業秘密が披露されてもおかしくはありません。その席にはビジネスリーダー、場合によっては経営トップも同席するでしょう。あなたが紹介した人が信頼を裏切ったら、関係者全体が大きな打撃を受けるかもしれません。普段からどんな「ＧＩＶＥ」を実践している人なのかをよく見つめておくべきでしょう。

一方で、自らも普段から、自分自身が紹介されるに値する振る舞いをしているか、自己チェックを怠るべきではありません。

自分だけが成功法則に則って「ＧＩＶＥ」を実践するだけではなく、みんなで「ＧＩＶＥ」による成功を習慣化させ成果をあげ続けていく必要があるのです。

○まとめ　実践その③「「ＧＩＶＥ仲間」を紹介し、推薦する」

・紹介は、ビジネスを発展させる。
・推薦には、出会いたい人と出会えるパワーがある。

5　実践その④「ＧＩＶＥ」が「ＧＩＶＥ」を呼ぶ環境をつくることに徹する

自分以外の人の捉え方を知る

いったん「ＧＩＶＥ」の実践が軌道に乗ってくると「ＧＩＶＥ」によるリファーラルがいかにプラスに連鎖するのか体感できるでしょう。また周囲に「ＧＩＶＥ仲間」が増えてくれば、「ＧＩＶＥ」はどんどん楽しいものへと進化していきます。

自らが実践するだけでなく、「ＧＩＶＥ」を実践する組織、リファーラルネットワークが広がれば広がるほど、成功のクオリティもグレードもアップしていきます。それには意識して「ＧＩＶＥ」を実践するスピリットや方法を伝え「ＧＩＶＥ仲間」を育てていく必要があるでしょう。

とはいえ「ＧＩＶＥ仲間」のキャラクターや経歴は様々です。人によってはまだ「ＧＩＶＥ」の方法に迷っていたり、スキルに自信がない状態だったりするでしょう。「ＧＩＶＥ」を広げるためには、あなたが実践している「ＧＩＶＥ」の成功事例を分け合うことも有効です。

そこで重要なのが相手の「捉え方」を心得ることです。「ＧＩＶＥ」を相手がどう捉えるか、しっかり見極める必要があるのです。捉え方が曖昧だと、どんなアプローチが有効なのか判断することは難しいでしょう。例えばあなたが実践したのと全く同じ「ＧＩＶＥ」を、キャラクターや経歴の異なる人が実践するのは難しい上に、場合によってはトラブルをもたらす場合すらあります。

同じ出来事や状況が起きても、捉え方はそれぞれです。さらに相関する行動や言動は、まさに百人百様と言えるでしょう。誰もが自分は事実をありのままに捉えて理解していると思っていますが、その「ありのまま」こそ、独自の捉え方にすぎません。言い換えれば、他の人の捉え方で出来事や状況を捉えることはできないのです。

人の捉え方には、何かしらのフィルターがかかっていますが、多くの人はそのことに気づいていません。自分以外の人の捉え方を知らなければ、リファーラルを広めるのは難しいでしょう。

会話で発展させる

では、どんなフィルターがかかっているのでしょう。

例えば私とあなたでは、生まれた場所や生年月日が違っていることでしょう。双子ですら、同じ捉え方をしているとは言えません。私と双子の弟は、生まれた場所や生年月日は同じですが、2人の持つフィルターは全く違うと言っていいと思います。ましてや全く別の場所で別の経験をしてきた私とあなたが、同じフィルターを持つことはありえないでしょう。

人が100人いれば、100通りの捉え方があります。相手を理解するためには、なぜそのように捉えたのか、どのようなバックグラウンドがあるのか、その考えや意見の背後にどんな意味が内在しているのか十分に認識すべきなのです。

チームで「GIVE」を実践するなら、議論をオープンにすることが大切です。同じテーマで話をして、それぞれの言葉にしっかりと耳を傾ければ、捉え方の違いが明らかになり、さらに違いを認めた上で関係性が構築されていくからです。

例えば顧客への「GIVE」をチームで話題にしたら、あるメンバーは「それはあなただからできるのであって、私にはできない」と発言するかもしれません。そこで「やるべきだ」「できない」という議論に発展するだけであれば「GIVE」の実践が広がっていく可能性は低いでしょう。

どんなフィルターがかかっているのか明らかにするには、どこにブレーキを感じるのか、それはなぜなのか、そう思ったのにはどんな背景があるのか、メンバーが正直かつ率直に発言できる環境をつくる必要があるでしょう。心理的安全が担保される環境が確保される必要があるのです。

例えばリーダーが「前任のチームでは、展示会会場でスタッフがイベントを催して盛況だった。

顧客に楽しんでいただく工夫はできないだろうか」という成功事例に基づく提案をしたとしましょう。メンバーからそれぞれ「時間がない」「私たちがやっても効果がない」「やり方を思いつかない」といったリアクションがあったとしましょう。このチームのメンバーはそもそも「ＧＩＶＥ」の素養がないのでしょうか。

もちろんそうではなく「ＧＩＶＥ」の意識が根づいていない場合、当然の反応とも言えます。まずは、こうした意見を聞く場をつくり出すことそのものが、リーダーの重要な役目です。

メンバーによっては、イベントで失敗した経験があるかもしれませんし、イベントそのものが苦手なのかもしれません。またはイベント以前に仕事への興味を失っていたり、悩みを抱えていたりして打ち込めないということもありえます。

ミーティングを重ねれば、問題が明らかになったり、解決したりする可能性もありますし、場合によっては「イベントとは別のＧＩＶＥを実践することになった」という成果が出ることもありえます。いずれにしても、会話によって関係が発展し、チームメンバーが納得する「ＧＩＶＥ」の目標を達成できるようにゴールを共有できることは間違いないと言えます。

こうした会話を成立させるために、リーダーは、次の行動を意識し、注力する必要があります。

◯言葉の持つパワーを認識し、言葉に責任をもつ姿を見せる。
◯それぞれの捉え方を言葉から把握し、ポジティブな言葉へと変換してみる。
◯言葉を効果的に受け取れるようにチームの環境を整える。

言葉は、捉え方によってプラスにもマイナスにも転がります。

「時間がない」というメンバーに「では、時間があったら、やってみたいですか」と聞いたら問題点が1つはっきりするでしょう。「時間があればやりたい」と心から言うメンバーには「時間の問題を一緒に解決しよう！」と次のステップを提示できます。

「本当はやりたいが、時間がない」というメンバーの気持ちを正面から受け止めたことは、メンバーへの「GIVE」となり、メンバーはそれに応えてきっと「時間を捻出する方法」を「GIVE」してくれることでしょう。場合によっては時間の問題さえ解決すればイベントの企画案を考えたいと言ってくれるかもしれません。

逆にリーダーが「GIVE」を意識することなく「いつも時間がないと言っているけど、ちゃんと努力しているの？」と批判的なリアクションをしたら、どうなるでしょう。メンバーのタイプにもよりますが、それ以上発言しなくなるか、少なくともミーティングの場で何かを「GIVE」しようという心構えを持つことはなくなるでしょう。

ビジネスには、関わるすべての人の想像力と創造性が有効です。リーダーはコミュニケーションで、それを引き出す役割を果たすべきでしょう。

もちろんリーダーにも、試行錯誤はつきものです。「どのように言葉を伝えれば、ともに新しい未来を描いてくれるだろうか」「どのように関わればメンバーは、自分にもその未来を創る力が備わっていると感じてくれるのだろうか」などと不安に思うこともあるでしょう。失敗や後悔も数限りないかもしれません。でも心配には及びません。

人は、その時点での最善を尽くしていますから、それを失敗と呼ぶ必要はないのです。後悔があるのは、その後に知識を得て行動し、成長したからに過ぎません。後悔は成長の証なのです。

なかなか全員の足並みが揃わなくても、根気強く諦めずにコミュニケーションを取りましょう。キャラクターの異なるメンバーが同じ未来を頭に描くには、それ相応の時間が必要です。お互いの協力関係も必要です。未来は言葉にされた瞬間に生まれ、その言葉を尊重した行動の積み重ねによって築き上げられるものです。そのためリーダーには、ビジョンを語りミッションに生き、人々を夢の実現に向けて巻き込むことが求められます。

リーダーに必要なのは、経験やスキル以上に、チームメンバーに対する「ＧＩＶＥ」なのです。それを忘れなければ、チームメンバーからリーダーへの「ＧＩＶＥ」でチームを成功に導くことができるでしょう。そしてその「ＧＩＶＥ」でもっとも大きな意味を持つのが言葉なのです。

不可能に思える状況でも、交わす言葉にポジティブな意味をつけて、チームメンバーの解釈を変えることができれば、チームに成果をもたらすことができるのです。

心の声に向き合う

言葉はわかりやすい情報です。リーダーが話し言葉や書き言葉によって、チームメンバーを少しずつ勇気づけ、ネガティブに対する気づきをもたらし、ポジティブへのシフトを試みていけば「Ｇ

ＩＶＥ」の環境づくりに成功するというのは、理解していただきやすいでしょう。

ところが、人間は言葉にならないコミュニケーション表現も持っています。ボディーランゲージ、声のトーン、しぐさ、表情、態度などです。このことを理解することが非常に重要です。

チームで成功を収めるには、この「言葉にされない言葉」への理解も欠かせません。「言葉にされない言葉」は、話し言葉や書き言葉以上に、隠された本意を表現していることがよくあります。

チームのメンバー同士、口には出さず、目配せなどで伝え合っている感情は、リーダーにとって、チームの状況を一変させることもできるほど重要な情報です。中にはそこに相手に対して到達しない強い期待、思い込み、憤り、後悔などが含まれているかもしれません。時として、それは組織の基礎を揺るがす時限爆弾ともなり得るのです。

チームは、オープンで正直な会話によるコミュニケーションで信頼関係を築くことを理想としますが、それが困難な場合は、心の声に向き合うことも意識しなければなりません。これは「ＧＩＶＥ」をどう受け止めているかの判断材料になり、チームを「ＧＩＶＥ」の実践に導く際の大きな手がかりでもあります。

チームメンバーによっては、自分をドラマの主人公に据えている場合もあります。

ヒーローもしくはヒロインとして物事を捉えるため、何事も「思う通りになっていない!!」という不満に繋がりがちです。しかもそれは言葉で表現されず、その「言葉にされない言葉」で、チームが混乱に陥るケースも多いのです。「ＧＩＶＥ」を実践するにも「ＴＡＫＥ」しか実践しない相手には「ＧＩＶＥ」が広がっていかないため、大変厄介です。

そういう場合であっても、チーム内の他のメンバーが疲弊しないような気遣いを忘れないようにしながら、自分をドラマの主人公に据えているメンバーの声に耳を傾けましょう。そうすればそのメンバーの気持ちを理解した上で、積極的に取り組めるような「ＧＩＶＥ」を実践するように提案する等、様々な方法が考えられるはずです。こうした場面で高いコミュニケーション能力を発揮してこそ、優れたビジネスリーダーと言えます。

このように、それぞれのタイプを認識し、心の声に向き合ううちに、リーダーはメンバーと同じレベルではなく、俯瞰したポジションから言葉を投げかけることができるようになります。

いわば「ＧＩＶＥ」を実践するかどうかで対立するのではなく、本人が気づかない「ＧＩＶＥ」の実践を促すことも可能になるのです。メンバーのキャラクターが多様であればあるほど、心の声に向き合うことは簡単ではありませんが、リーダーとして成長するチャンスをもたらしてくれていると考えましょう。

○まとめ　実践その④「ＧＩＶＥ」が「ＧＩＶＥ」を呼ぶ環境をつくることに徹する

・認識や捉え方の違いを知る。
・チームメンバーによい影響を与え巻き込む。

実践その⑤　人格を磨く

リーダーが重視すべきはあり方

人はとかく「やり方（Ｈｏｗ）」や「やること（Ｗｈａｔ）」に注意を向けがちですが、私はこの2つに力を入れすぎるのは、本末転倒のように感じています。

「やり方（Ｈｏｗ）」や「やること（Ｗｈａｔ）」は、すぐに使える行動のツールです。結果を出すためには行動が不可欠ですが、漫然と積み重ねただけでは成功に繋がりません。

例えばジムでトレーニングをすれば減量できるかもしれませんが、体重が落ち続けることそのものがトレーニングの本質ではないでしょう。人によっては筋肉を付けて体質を変えることが重要かもしれませんし、トレーニングの習慣を付けることを重視する人もいるでしょう。

同様に、お金の稼ぎ方「やり方（Ｈｏｗ）」は、もちろん大事です。そしてお金の使い方「やること（Ｗｈａｔ）」も軽視はできません。でも、そこに「あり方（Ｗｈｙ）」が欠けていると、どんな暮らしをするためにお金を使うのかが抜け落ちてしまい、幸福を見誤るかもしれません。本質を押さえずして物事は成就しないのです。

ビジネスリーダーが最も重要視すべきなのは「あり方（Ｗｈｙ）」です。どういう存在として人と関わるか、常に再確認する必要があると言えるでしょう。

【図表 24　優れたビジネスリーダーのサイクル】

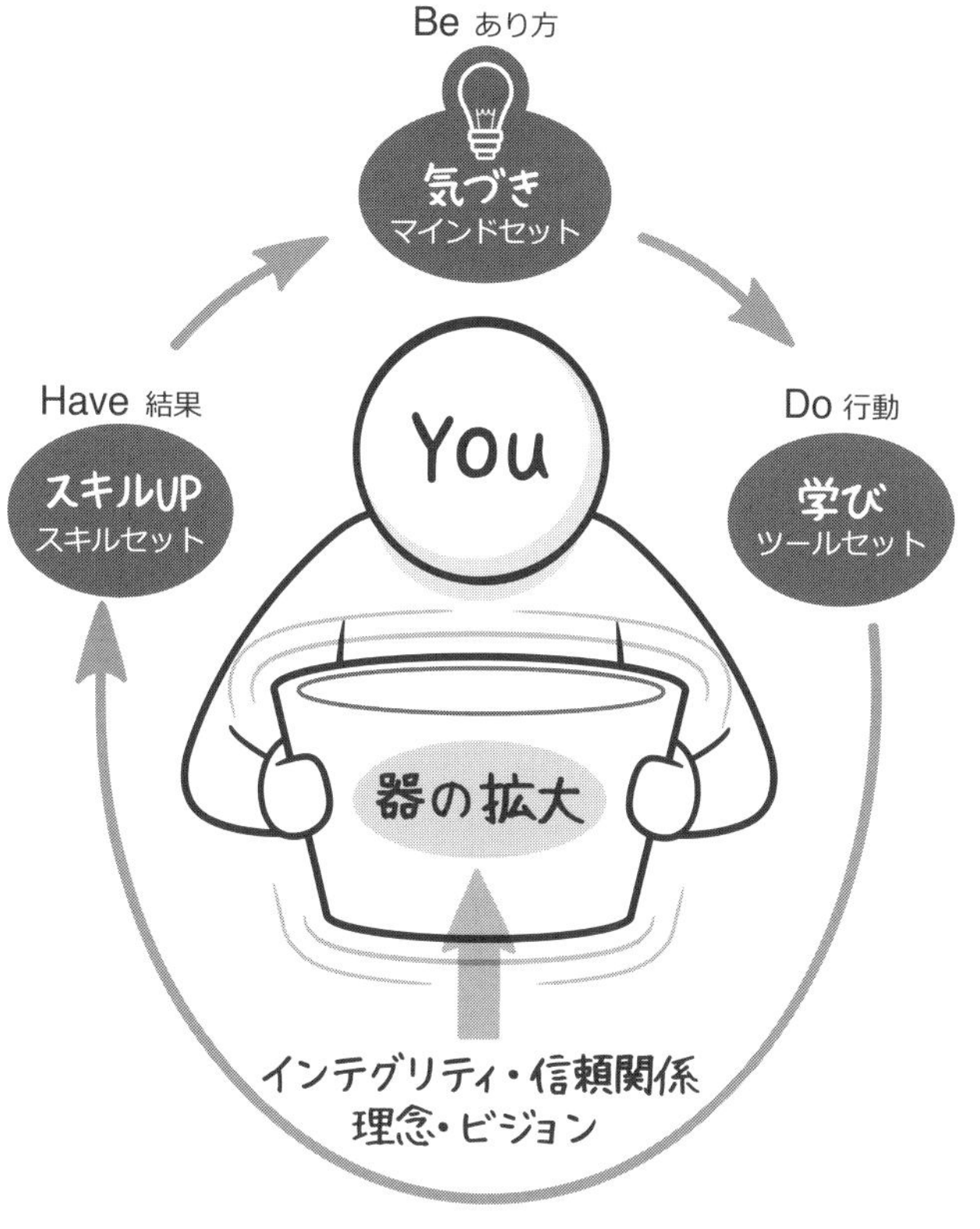

Point!

ビジネスにもたらすGIVE & GIVEは
ゼロからイチへ、イチから無限大に。

器以上の成功を手にすることはできません。習慣を変え続けることによって人としての成長が器の拡大をもたらします。

ビジネスにおいても、目に見える「ＧＩＶＥ」は日常的に不可欠ですし、どのように「ＧＩＶＥ」を実践すればいいのか知恵や工夫を増やすべきともいえます。しかし優れたビジネスリーダーは、そこで満足することなく、その先にあるものが人格形成でなければなりません。それは魂の成長を伴う「器」の拡大とも呼ばれるものです。

多くの人は「Ｈａｖｅ＝持っているもの」を気にして「Ｄｏ＝行動」に飛びつきます。そして、多くの人は他の人の持っているものと自分の持っていないものを比較します。あり方を意識せずやることをやっても、すぐには成功しません。「Ｄｏ」がジムのトレーニングだとすれば、たった数回のトレーニングだけで体形や健康にプラスの成果を求めるようなものです。石の上にも3年。これが継続できないのです。コミュニケーション、人間関係構築といった試みを意識して取り組み続け、じっくりと自分のものにしていくうちに「Ｂｅ」つまり「あり方」に変化が訪れます。続けているうちに、物事の本質を掴み取れるようになるのです。

ビジネスリーダーの実践すべき「ＧＩＶＥ」には、価値観の合うコミュニティー、自らの会社、チーム、プロジェクトを育てていくことが含まれています。こうした「あり方」の変化は、目に見えにくいとも言えそうです。でもそれはリファーラルの量、推薦のことば、評判などで、社会に必ず共有されていきます。

実はビジネスリーダーが実践した「ＧＩＶＥ」の成果は、本人が意識する以上に、社会からの評価に繋がっているものです。

強い組織の法則

ビジネスリーダーの人格、器に値するものは、組織にも存在します。それは企業文化、組織力として捉えられるものでしょう。では、繁栄し続ける組織、成功しているチームには、どのような文化があるのでしょうか。

強い組織にはインテグリティがあります。インテグリティ（integrity）とは「高潔な」という意味で、高いレベルでの潔さ、ビジョンに対しての高潔な関わり方のことを指します。

インテグリティが育まれる土壌には、チームメンバーの心に響く理念やビジョンが存在します。第４章でご紹介したＢＮＩ®の根底を成す理念である「Givers Gain®（ギバーズゲイン）」は、その代表的なものと言っていいでしょう。「他のメンバーにビジネスを与えた人には、ビジネスの機会が巡ってくる」と掲げられたこの理念には、誰もが潔く賛同できるからです。

そうした理念は、構成メンバーによる「前向きな姿勢・態度」によって支えられます。すると、お互いがお互いの「成功をサポートしたい」という言動で貫かれた環境が維持されるのです。「前向きな姿勢・態度」はポジティブなコミュニケーションを生み、高い信頼関係を育み、それは維持継続され、発展していきます。こうした組織での人間関係構築は、新たなコネクションを探す「ハンティング」というよりも、信頼関係を育む「農耕」と捉えるべきものでしょう。私たちは本来、よく知らない人ではなく、お互いによく知っていて信頼している人とビジネスがしたいと願っています。だからこそ、信頼関係を育むことが大切なのです。

さらに発展している組織では、メンバーの1人ひとりに責任ある行動が求められます。なぜなら責任が成果を生み出すのであって、責任ある態度で臨まなくては、何も発展しないからです。またメンバーのために、学びをサポートするための様々な機会が提供されています。パーソナルスキルやプロフェッショナルスキルの継続的な向上に価値が置かれているからです。

このように明確な理念やビジョンが浸透し、共通の価値観と責任の概念が存在し、メンバー同士が理解し合い仲がよければ、ルールがしっかりと守られ、ルールを破ったときのペナルティーも全員同意で用意されています。もちろん、貢献している人への惜しみない承認が重要視されているのは言うまでもありません。

こうした企業文化は、伝統と革新の積み重ねによって形成されるものです。組織の伝統は、私たちがどこから来たのか、何者であるのかを教えてくれますし、一方で常に革新の方法を模索するエネルギーに満ちています。強い組織のエネルギーの源には過去から大切にし、脈々と受け継いできた古きよき伝統文化があります。そして、それと同時に過去に囚われずに、時代を切り開いていく革新的な創造力としなやかさも持ち合わせているのです。組織の伝統とはその法人が誰であるかを示し、革新とはその法人がどうあるかを示したものです。次代を読み解く先見性と小さな変化を先取りし大きな変化を創り出すような大胆な行動があるのです。

インテグリティ、信頼関係、理念やビジョン、いずれも人間で言うところの「器」です。多くの人を許容できる器の大きいリーダーは、器の大きい組織をつくると断言してもいいでしょう。

【図表 25　成功のスパイラル】

Point!

成長思考のリーダーが集まりGIVEの実践を繰り返すことによって、周囲によい影響がもたらされ、共に育っていきます。
伝統にとらわれることなく新しい価値を創造し続けることで、変革し自らの学びにもなるのです。

未来志向のリーダーは、より高い期待値を設定し、組織内に同一の危機意識と問題意識を醸成することを促します。そこには明確な組織のあるべき姿から逆算した行動を選択する強いリーダーシップが存在します。世界は変化しています。その変化のスピードはより速くなってきています。成長を志向するリーダーは状況の変化に順応し、自己を開発し、自己を成長させていくのです。

人格を磨くことは、パラダイムの転換、固定観念を覆すトランスフォーム、つまり突発的な、今までにない変革をあなたのビジネスにもたらします。「ＧＩＶＥ＆ＧＩＶＥ」は「ゼロからイチ」への、トランスフォームの源でもあるのです。

○まとめ　実践その⑤「人格を磨く」

・言行一致をもって未来を創り出す。
・強い組織が持つものを意識し成長にフォーカスする。

実践のためのアドバイス

・「あり方（Ｗｈｙ）」に注意を向けよう。
・見えないものが見えるものを形づくっている。あらゆるものに興味を持って生きよう。
・「ＧＩＶＥ＆ＧＩＶＥ」が周囲に広がるように努めよう。
・あなたのチームを、強い組織へと導こう。

第6章
リファーラルで叶える、人生の貯蓄
～世界一のベストセラーが、その真価を裏づける

1　著名な成功者の愛読書、聖書に見る「ＧＩＶＥ」

人生において手に入れたいものは何でも手に入れることができる

「人生において手に入れたいものは何でも手に入れることができる。もし、充分な数の他の人を、彼らが欲しいものを得られるように手助けすれば…」

右は聖書の一節を意訳したものです。この文面を見て、あなたは何を感じますか。実は本書で繰り返しご提案している「ＧＩＶＥ」の実践とは、この文面とぴったり一致しているのです。

「欲しいものを得られるように手助けすれば」は、「ＧＩＶＥ」の実践そのものです。

「充分な数の他の人を」は「ＧＩＶＥ」の対象が家族など限定的な少数ではないこと、しかも「ＧＩＶＥ」が惜しみなく実践されることを表現していると言えるでしょう。

「人生において手に入れたいものは何でも手に入れることができる」これはビジネスのみならず、人生におけるすべての成功、つまり幸福を指すと考えられます。それが「ＧＩＶＥ」の実践によってもたらされると書かれているのです。

聖書において「ＧＩＶＥ」は、成功や幸福の黄金律だといえるでしょう。また、聖書以外でも儒教の始祖「孔子」、仏教の開祖「釈迦（ブッダ）」、古代ギリシャの哲学者「ソクラテス」、道教の創案者「老子」、イスラム教の開祖「ムハンマド」など、それぞれの経典の文章の表現に違いはあり

【図表 26　世界的ベストセラーの聖書】

世界的ベストセラー

高校の時から使用している聖書

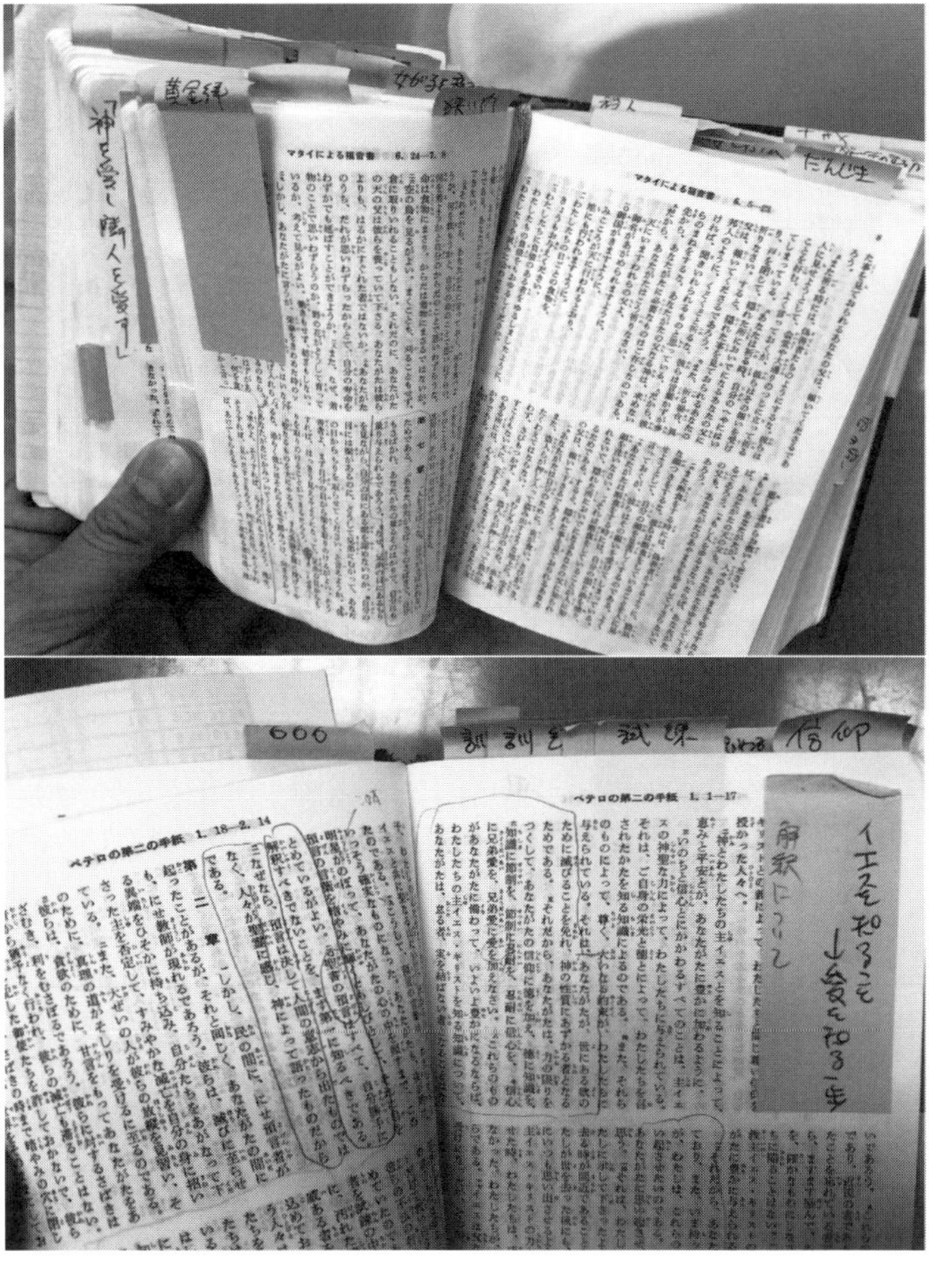

ますが、同様の主旨に基づいたゴールデンルールが書かれています。

その中でも多くの世界の著名な成功者は、聖書を愛読してきたと言われています。本書でクローズアップしている「ＧＩＶＥ」の実践も、まさにこの聖書の考え方に基づいているのです。ビジネス拡大を見据えるリーダーであれば、それほどまでに語り継がれてきた世界的ベストセラーから成功のエッセンスを学ばないなど、ありえないことでしょう。

私と聖書との出会いは、高校時代に遡ります。

第３章でお伝えしたとおり、私の出身高校はキリスト教義に基づく教育をしていたため、聖書は授業で配布され毎朝の礼拝で使用していました。とはいっても私は決して熱心なキリスト教徒というわけではありませんでした。聖書も当時は、睡眠用の枕に過ぎなかったのです。

しかし大学を卒業して社会に出てから成功哲学に興味を持ち始めた私は、その使い方が間違っていたことに気づかされます。特に息子を亡くし、気持ちを整理しながら仕事に取り組む中、ＢＮＩ®と出会ってからは、その活動を通して、キリストの教えが成功哲学に通じることを、強く意識するようになりました。

聖書とは、言わずと知れたキリスト教の教典で「神（全知全能の存在）」との約束事や歴史、使徒の言葉が書かれています。聖書には旧約聖書と新約聖書があり、大ざっぱに言うと、旧約聖書が39の書物から成るイエス・キリスト誕生前の話で、新約聖書が27の書物から成るイエス・キリスト誕生後の話の伝承です。

この66の書物すべてを合わせたものが、聖書と呼ばれています。

聖書は今や200以上もの国々で翻訳され、年間に約6億3300万冊が配布・販売されるという世界一の発行部数を誇ることから、ギネスに登録されています。

それだけメジャーな存在ですから、聖書の話や登場人物は、宗教上だけでなく、ハリウッド映画や日常会話でも頻繁に引用されています。外国の歌、ドラマ、小説などは、聖書に登場する話を知らなければ、理解しづらい場合も多いほどです。語源を紐解いていくと出典は聖書だったということも少なくありません。私たち日本人にはあまり知られていないことですが、世界においてはその影響力の大きさが公知の事実となっています。

「GIVE」は、成功する生き方の黄金律

では、聖書には何が書いてあるのでしょうか。少しご紹介してみましょう。

◆「求めよ、そうすれば、与えられるであろう。捜せ、そうすれば、見いだすであろう。門をたたけ、そうすれば、あけてもらえるであろう。すべて求める者は得、捜す者は見いだし、門をたたく者はあけてもらえるからである。あなたがたのうちで、自分の子がパンを求めるのに、石を与える者があろうか。魚を求めるのに、へびを与える者があろうか。このように、あなたがたは悪い者であっても、自分の子供には、良い贈り物をすることを知っているとすれば、天にいますあなたがたの父はなおさら、求めてくる者に良いものを下さらないことがあろうか」（マタイによる福

音書7章7節）

◆「だから、人にしてもらいたいと思うことは何でも、あなたがたも人にしなさい。これが律法であり預言者である」（マタイによる福音書7章12節）

◆「人にしてもらいたいと思うことを、人にもしなさい」（ルカによる福音書6章31節）

本書で繰り返しお伝えしてきた「ＧＩＶＥ」とは、聖書に記されているところの「自分にしてほしいことを、相手にもする」という隣人愛、互恵関係の原則に基づいています。相手にとっての最善を行うこと、これはキリスト教では「黄金律」と表現されます。ということは聖書の「黄金律」は「ＧＩＶＥ＆ＴＡＫＥ」ではなく「ＧＩＶＥ＆ＧＩＶＥ」だということが、先程紹介した言葉から理解できるでしょう。この「黄金律」こそが、成功の原理原則ではないでしょうか。

それが人の生き方の「黄金律」であるとすれば、ビジネスもこの例外であるわけはありません。むしろビジネスの世界でこそ実践されるべきとも言えるでしょう。私が本書でビジネスリーダーの方々にお伝えしたかった「ＧＩＶＥ」の実践には、ビジネスの成功だけでなく、社会において、より多くの人々の幸福が実現されるようにリーダーシップを発揮していただきたいという願いが込められています。そしてこの願いは、聖書に端を発したものなのです。

鉄道王で大富豪のアンドリュー・カーネギー（１８３５―１９１９）から依頼されたナポレオン・ヒル博士（１８８３―１９７０）が、世界的な成功者約５００人を20年間かけて調査分析したところ、その多くが志として信仰をもち、聖書から学びを得ていたことが判明しました。

「ＧＩＶＥ＆ＧＩＶＥ」は決して突飛な発想ではなく「ＧＩＶＥ」に基づくリファーラルこそが成功をもたらす。これが不変の真理であることは、聖書を紐解けば明らかなのです。

人とは何か

聖書に書かれていることで非常に興味深いのが、生物、人についての記述です。地球が誕生したのは約46億年前、最初の生命が誕生したのは約38億年前です。聖書には、この世を人がつくり、あの世も含めた世界そのものを神が創造したと記されています。

◆「神はまた言われた、『我々のかたちに、我々にかたどって人を造り、これに海の魚と、空の鳥と、家畜と、地のすべての獣と、地のすべての這うものとを治めさせよう』」（創世記1章 26節）

◆「神は自分のかたちに人を創造された。すなわち、神のかたちに創造し、男と女とに創造された」（創世記1章 27節）

「ＧＩＶＥ」の実践について考えるときには、まず「人とは何か」に考えを巡らせないわけにはいかないでしょう。人は五感と欲望に基づく感情によって行動し、言葉を使ったコミュニケーションで協力関係を築く唯一の動物です。

神は紛れもなく、生物界の頂点に人間を君臨させ、群れて協力させ、善意に基づき地球を統治させようとしました。そして、人類の助けとして数々の生き物を創造されたのです。しかし、誤算が生じます。

◆「また主なる神は言われた、『人がひとりでいるのは良くない。彼のために、ふさわしい助け手を造ろう』」（創世記2章 18節）

◆「さて主なる神が造られた野の生き物のうちで、へびが最も狡猾であった。へびは女に言った、『園にあるどの木からも取って食べるなと、ほんとうに神が言われたのですか』」（創世記3章 1節）

人は全知全能の神に背き、エデンの園にある禁断の果実を食べてしまったのです。人がどのようにして自我に目覚め、どのような感情を満たそうとしてより罪深い生き物になっていったかについては、創世記3章4章以降をぜひお読みください。アダムとイヴの息子たちによる人類最初の殺人事件にまで発展したこの話は、多くの映画やドラマにも引用されています。

何もかもが十分ではない時代には、未知の世界へのチャレンジに夢やロマンがありました。しかし、昨今は違います。あらゆるものが揃っていて、すでに何不自由のない生活が送れていると言えるでしょう。にもかかわらず、その中にあってさえ、現代人の心が満たされることはありません。「有り難い」と感謝するどころか、その欲望はますます増していくばかりなのです。

満たされない人々の欲望と感情

そもそも人は何を求めて生きているのでしょうか？

人は協力しあい、より多くの人々の欲望を満たすように工夫を重ね、社会を発展させてきました。とはいえ人間の欲望は果てしなく、欲しい、欲しいという感情が、満たされていないという不平を呼び起こし、結局は奪い合いになってしまいます。

奪い合いでは、隣の家、隣の町、隣の国とも、利害が一致しません。欲望にしか目を向けなければ、周りの欲望と相反し、争いになるのです。

では、どうすればいいのでしょうか。

ここで「GIVE」が真価を発揮します。

すべての人が「GIVE」を意識し、リファーラルし、協力して目標を達成するチームになれば、同じ方向を向くことになり、争うこともありません。

黄金律に基づいて認識を「GIVE」へとシフトし、すべてのギャップを認めて「GIVE」に活かすこと、それが成功原則に基づく成功思考、成功習慣に繋がっていくのです。

とはいえ「GIVE」をどんな場面でも、誰にでも実践するというのは、かなりの覚悟を要します。いわば自分への信頼がなければ、徹底できないものです。聖書が読まれ続け、語り継がれているのは、その自信を支える学びがあるからでしょう。

◆「狭い門から入れ。滅びにいたる門は大きく、その道は広い。そして、そこから入っていく者は多い。命にいたる門は狭く、その道は細い。そして、それを見いだす者は少ない。」（マタイによる福音書7章13節）

「狭い門から入れ」とは、何を示唆しているのでしょうか。私はこれを、神から試されているということだと捉えています。

成功への道程は険しく厳しいものです。厳しさを乗り越え「ＧＩＶＥ」を実践し続け、リファーラルを重ねられる限られた人が、成功を手に入れることができます。成功する人の多くは、社会のために仕事をしています。そうした使命に生きる道は険しく、決して平坦ではありませんが、必ず真の成功がもたらされるのです。ところがその逆で「自分の利益だけのため」に仕事をしている場合、失敗せずとも、真の成功もありません。

この大きな差は「感謝がない」という一点に尽きるでしょう。

人間の頭の中は、欲望に満ちています。いったん満たされても、すぐ足りなくなり、足ることを知りません。感謝、つまり「有り難い」という意識を失くし、どんな欲望も満たすことができて「当たり前」になっています。「有り難い」と「当たり前」は、天と地ほどに大きな差です。

本来、私たちにもたらされているこの環境は、すべて神が創造した有り難い芸術です。常に吸っている空気、レバーを押せば出てくる水。世界のすべてが、人間には預かり知らぬ目に見えないバランスで生み出され、気の遠くなるような試行錯誤を重ねて今に至る恵みであることを、私を含めたすべての人間はすぐに忘れてしまうのです。

今、手に入れている環境を当たり前の権利と捉える傲慢さ、欲深さは、もっともっと手に入れたいという欲望をくすぐります。だから人間は争いが絶えないのでしょう。有り難いと思う気持ち、感謝の心は、社会の多くの人が求めている手助け、社会貢献に繋がります。

新しい目的を持ち、新しい行動をすれば、新しい試練に立ち向かうことになるのは避けられません。それでもチャレンジすることには大きな意味があります。

というのも、聖書には驚くべきことが書いてあります、神は試練に立ち向かう人には、その試練に耐えられるような別の道も用意しているというのです。
◆「あなたがたの会った試練で、世の常でないものはない。神は真実である。あなたがたを耐えられないような試練に会わせることはないばかりか、試練と同時に、それに耐えられるように、のがれる道も備えてくださるのである。」（コリント人への手紙10章13節）
◆「女が子を産む場合には、その時がきたというので、不安に感じる。しかし、子を産んでしまえば、もはやこの苦しみをおぼえていない。ひとりの人がこの世に生まれた、という喜びがあるためである。」（ヨハネによる福音書16章21節）
◆「肉親の父は、しばらくの間、自分の考えに従って訓練を与えるが、たましいの父は、私たちの益のため、その清さにあずからせるために、そうされるのである。すべての訓練は、当座は、喜ばしいものとは思われず、むしろ悲しいものと思われる。しかし後になれば、それによって鍛えられる者に、平安な義の実を結ばせるようになる。」（ヘブル人への手紙12章10節）
感謝は他のあらゆるスキルの習得よりも優先して魂の成長に欠かせない要素です。

人の人生には予期せぬ色々な出来事が起ります。私も昔は人生で起こった出来事に感謝することができない時期がありました。何でこんなことになるのだと卑下したこともありました。今となってわかるのは、当時の私には信仰がなかったのです。私自身をこの世に生み出した源流である魂の父との繋がりを自分自身が感じることに壁があったのです。

チャレンジは、新しい壁や試練を人生にもたらしてくれます。自分自身を信じて、目に見えない力の存在を信じて、しっかりと信頼で繋がり、必ずできると信念を持つことが大切なのです。

我々は、今だかつて経験のない情報革命の真っ只中にいます。よくも悪くも玉石混合で混沌としています。ビジネスの世界では「GIVE&TAKE」が繰り広げられ、それが常識です。しかし、私はそのビジネスの世界で「GIVE&GIVE」が常識になるような新しい世界を創っていきたいと考えています。これは1人では達成することができません。

試練を乗り越えるために励む人は、過去とは別のステージで、違う層の人との出会いがあり、新しいアイデアがもたらされる。確かに私も、そうしたシーンを数多く目撃し体験もしてきました。

このように聖書は、単なるキリスト教の経典ではなく、成功のための心構えや真実を見る目を培える哲学書でもあったのです。

○実践のためのアドバイス

- 聖書を手掛かりに、人間とは何かについて思いを馳せよう。
- 自己の利益目標を設定すると同時に、それ以上の他者への貢献目標を明確にしよう。
- 人の生き方の「黄金律」こそ、ビジネスの「黄金律」でもあることを意識しよう。
- そもそも「成功する」には何が必要なのかを忘れることなく前進しよう。

第7章

「GIVE」が「GIVE」を呼ぶビジネス手法なら、未来は続く

～勝敗ではなく、すべての人が満足するゴールデンルール

1　社会の未来は、ビジネスリーダーが創造する

株式会社の原点とは

私は「ＧＩＶＥ」を実践するビジネスリーダーが、ビジネスだけを創造するのではなく、社会の未来に貢献することを強く願っています。

意義のあるビジネスはリファーラルを重ねて社会に広がり、世界を潤すでしょう。ビジネスリーダーは、社会のリーダーでもあることを、ぜひ認識していただきたいのです。

そもそも人はなぜ群れ、社会をつくるのでしょうか？

生物は群れをつくることで生き延びてきました。大海では魚、大空では鳥と、とくに体の小さな生物にとっては、群れを成し大軍を装うことで外敵から身を守るという、重要な意義があったと言えるでしょう。群れを成すことは種の保存のための防衛本能なのです。人の場合は「夫婦」を最小単位に子や孫を増やし、集落を形成し、協力関係を発展させ、コミュニティーを形成してきたという歴史があります。

ただし人は種の保存に関わりない場面でも、群れを成します。お互いに認め合い、協力し合えば、単独では難しいことも達成できるからです。私たちは群れを大きく、しかも高度な連帯を必要とするコミュニティーへと進化させてきました。農業革命によってより長寿となり、家内制手工業から

の産業革命によって生産性が飛躍的に高まり、資本主義社会の確立に至るまで、コミュニティーならではのメリットを続々と獲得してきたのです。

中でも人類史上最高の発明といわれるのが「株式会社」です。

最初の株式会社はオランダの東インド会社であるとされています。設立された１６０２年といえば、ヨーロッパ人が次々と新大陸を発見した大航海時代。まだ誰も行ったことのない新天地をめざして出航し、金や銀、珍しい香辛料をたくさん持ち帰り、億万長者になる者も現れました。

とはいえ船を一隻つくるには莫大な資金が必要です。にもかかわらず、もし失敗したら資金のすべてが水の泡となってしまうというのが大きなデメリットでした。

そんな、とてつもなくリスキーなプロジェクトのために発明されたのが「株式会社」の仕組みだったのです。船を建造する資金や船員の給料を出資によってまかない、出資金に応じて利益を分配するという、画期的なシステム構築が行われました。

ところが現在の株式会社は、本来の役割を果たしているでしょうか。

新しい価値を創造し、こうありたいと望む未来を手に入れるには、新しい行動によって現実を積み上げていく必要があります。それは未知の領域に足を踏み出すリスキーなチャレンジであり、過酷な道のりです。

そう、ビジネスとは、昔も今も、冒険なのです。

過去の仕組みを踏襲して管理に終始しているとすれば、社会の未来に対して果たすべき責任を全うしていないと言い換えることができます。それでは真のビジネスリーダーとは呼べません。率いるチームごと、ＡＩに仕事を奪われる可能性があります。真のビジネスリーダーは、株式会社本来の仕組みを最大限に活用し、再投資して、もっと新しい領域でチームが機能するようにリーダーシップを取る必要があるのです。

こうした原点に立ち帰れば、群れることの重要性、そしてすべてのコミュニティーが幸福を追求するために群れのリーダーを必要とすること、さらに群れのリーダーにはリーダーシップが不可欠であることを意識できるのではないでしょうか。

リーダーシップとは、命の使い方のこと

ビジネスリーダーが「ＧＩＶＥ」を実践するにあたり脳裏をかすめることの１つに、次世代育成があることでしょう。

昔と今ではビジネスのスピード感がまったく違い、今後はさらに変わってくるでしょう。過去から学ぶことはあっても「こうでなければならない」と押しつけていては、若い世代の成長をストップさせ、ビジネスリーダー自らも伸び悩みます。次世代への「ＧＩＶＥ」は必要でありつつも、内容を吟味すべきものなのです。

とくにミレニアム世代は地球規模で物事を捉え、自己の利益よりも住みよい世界の創造に積極的です。どこにいても誰とでもコミュニケーションが取れるため、今までにない仕事が生まれ、時代

の変化にそぐわない仕事は淘汰され、新しい働き方や生き方が支持されはじめています。めまぐるしい時代の変遷に乗るには、若い世代とこうした価値観を共有する柔軟さを持ちたいものです。

世界を見渡せば、経済的に満たされていないどころか、生命の安全すら守られていない国々もまだまだ存在するのが現実です。50％以上がアメリカに集中すると言われてきた世界の富も、情報化によってアジアへと分散が始まりました。国民の大勢が若くてエネルギッシュな発展途上の国々では、ＩＴを積極的に活用し、国そのものを創造するという意気込みも著しいのです。

そうしたグローバルな環境でビジネスを展開する次世代の自分磨きブラッシュアップには、いわゆるツールとしてのビジネススキルを身につけるだけでは足りません。マインドやスピリットといわれる部分を十分に培う必要があるでしょう。自分は何のために生まれてきたのか、仕事にどのような意義や意味があるのか、社会やよりよい未来にはどんな風に貢献すべきか、そうした深いテーマについて考える機会が不可欠なのです。

私たちは人生の大半を仕事に費やすと言っても過言ではありません。仕事にやりがいを見出せなければ人生の損失です。この損失は本人だけでなく、周囲にも影響することでしょう。「仕事は生計を立てるため、給料を得るためのもので、輝いたりやりがいを感じたりするなど、ただの夢物語だ」などと口にしていては、次世代まで「人生にいったい何を見出せばいいのか」と希望を失ってしまいます。

どんな目的をもって、どのような命の使い方をするかについては、人生を左右する重大なファクターです。リーダー自身が自分の命の使い方を十分に意識していてこそ、次世代にもいい影響を与えることができます。だから自己探究が必要ですし、リーダーシップは存在意義、つまり使命と直結しているのです。社会の「気持ち」を引っ張るために発揮される「命の使い方」こそ、リーダーシップであると定義してもいいくらいだと私は考えます。

社会における命の使い方を意識し、それを次世代リーダーが考える機会をつくることは、リーダーの器をつくるプロセスであり、貴重な「ＧＩＶＥ」に相当します。

すべての人が「経営者」だったら

ところで、現在の医学においては「人間の脳は１つだけではない！」と認知され、常識となっていることをご存知ですか。ひと昔前なら決して同意されなかった、興味深い話ですね。

頭と心臓と腸にそれぞれ脳があるとか、皮膚は第三の脳であるなどです。それぞれの脳は独立して機能し、互いに連携を取り合っていることが、解剖学的には１９９０年代半ばに判明していたとされています。つまり頭がすべてのリーダーシップを取るのではなく、それぞれの臓器が頭の役割を果たし、互いにコミュニケーションを取っているということです。

ビジネスにも、同様の仕組みが求められています。優れた組織では、優れたリーダーと共に、優れたフォロワーが活躍しています。族長の立てる目標や向かう方向性を理解して前進を支える役割を果たし、判断材料を提供したり実働を切り盛りしたりする存在です。

【図表27 人間の脳は１つだけではない】

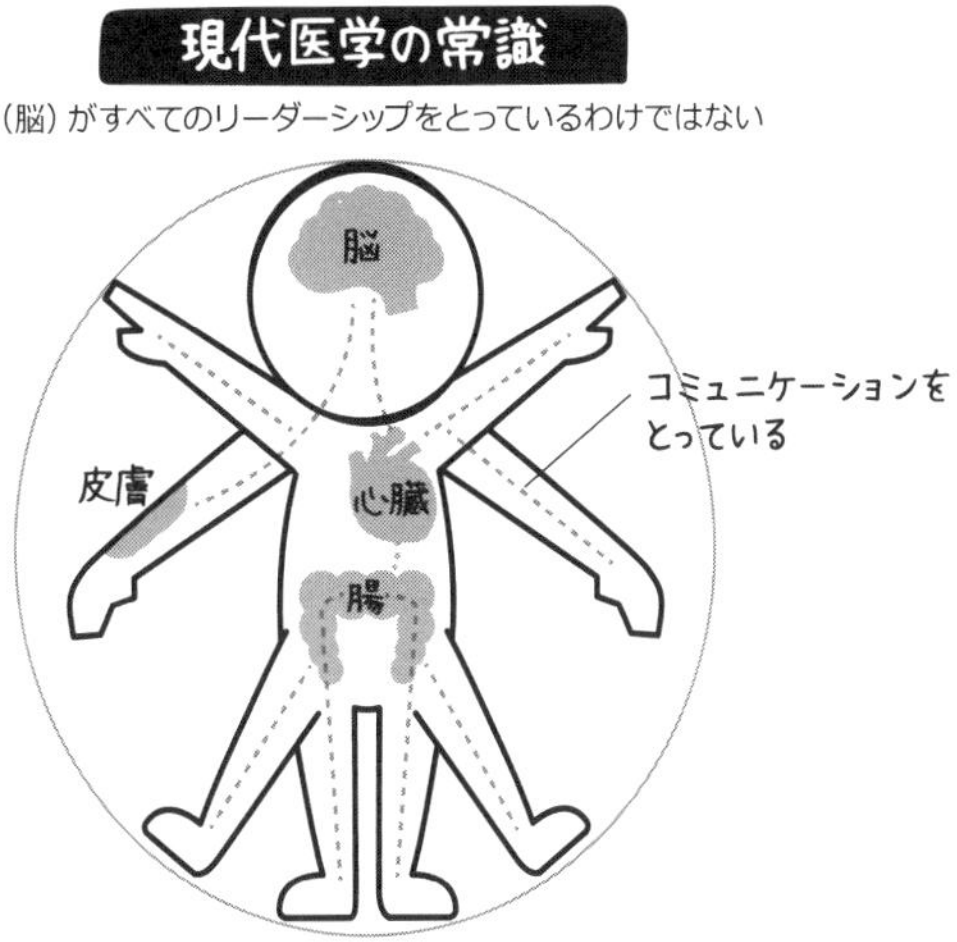

私はフォロワーにもリーダーシップを発揮してほしいと考えています。というのも、族長がすべてを握り、ほかは言いなりになっている組織は、決して健康とは言えないからです。

今、社会の公器として存在するべき企業が、その役割を果たし切れていないように思います。まずは３８０・９万社ある中小企業のうち８５・３％を占める小規模事業者の約６～７割が、赤字法人に甘んじているという現状があります。また規模の大小にかかわらず、企業によっては組織が官僚的になって腐敗が進み、既得権益の再分配に不透明性が増しています。利潤追求のためにブラック化しているケースも多く、ひと昔前に比べると働きにくく生活しにくい世の中に変化してきているように感じられます。

ビジネスリーダーがビジネスでの成功だけにこだわっていては、いずれ社会そのものが、人の活

【図表28　誰もがリーダーシップを発揮することの重要性】

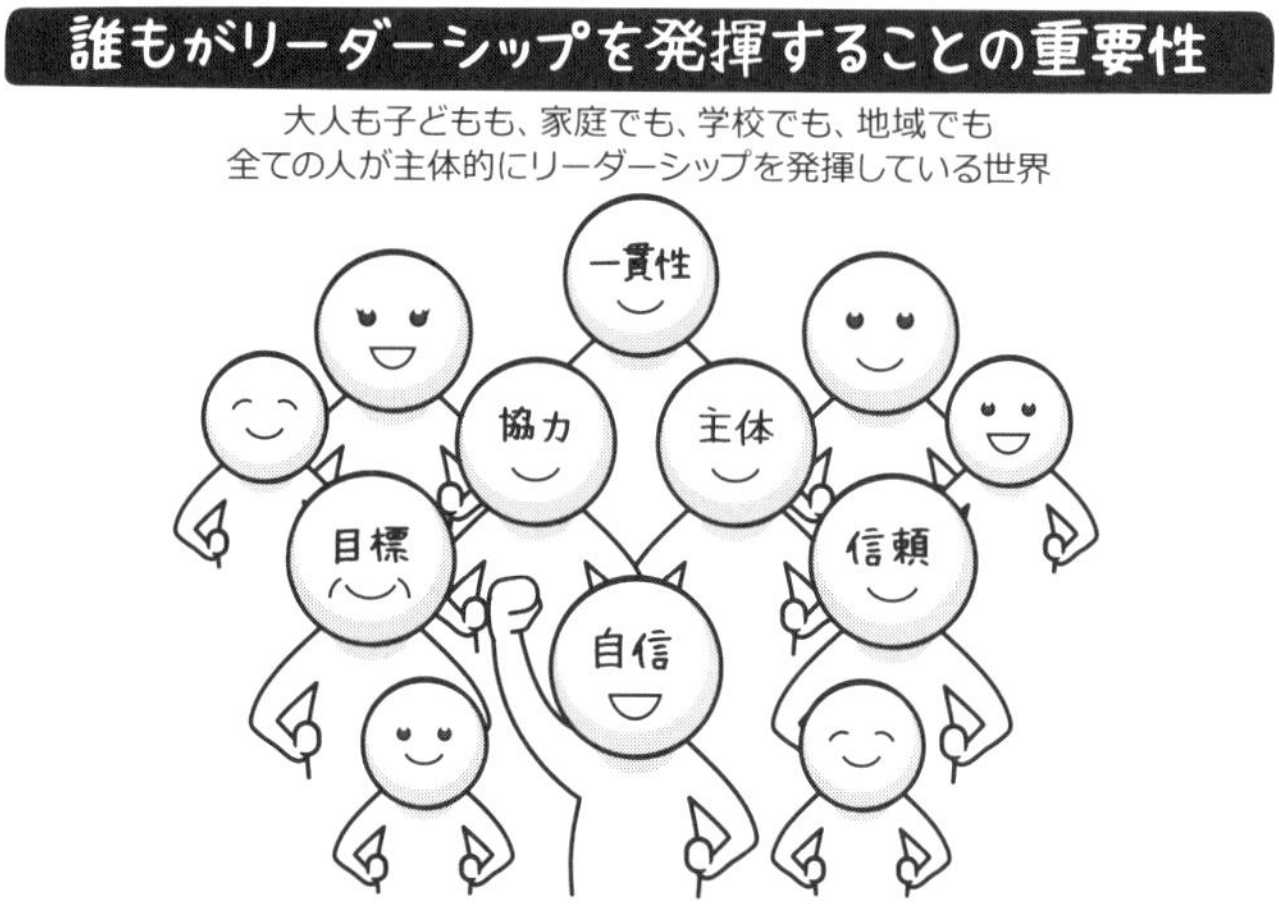
誰もがリーダーシップを発揮することの重要性
大人も子どもも、家庭でも、学校でも、地域でも
全ての人が主体的にリーダーシップを発揮している世界
一貫性
協力
主体
目標
信頼
自信

躍を阻む環境に変貌するでしょう。それを軌道修正するのも、やはりリーダーシップです。そして「指示待ち」ではないフォロワーの育成、さらにすべてのメンバーがリーダーシップを体得するような仕組みづくりも、期待されているのです。

ビジネスが社会に及ぼす影響の大きさは計り知れません。ビジネスのあり方は、企業の次世代だけでなく、社会全体の次世代をも育てます。ビジネスで培ったリーダーシップはビジネスだけで発揮するのではなく、広く社会に活かすものと捉えるべきです。

実際、ビジネス以外でも、リーダーたる働きをすべき場面は数多くあります。子ども時代にもありますし、家庭でも、学校でも、地域でも、複数の人間が関わりあって、幸福を追求する場面においては、リーダーシップの必要性が浮上します。リーダーシップと無縁である人など、存在しないと言ってもいいのでしょう。

もし、すべての人が「経営者」を意識して地域や社会に存在したら、世界はどのように変わるでしょうか。あなたがリーダーで、私もリーダーで、私たちのパートナーもそれぞれリーダーで、子どもにもリーダーシップを育むのです。むしろ、そうした社会のほうが、成功を収めると言ってもいいのではないでしょうか。

人の行動の根底にあるものを知る

ビジネスリーダーがポジティブな「GIVE」を実践しようとしても、社会のネガティブな風潮に阻まれる場合があります。そんなときは、人という動物の根本に思いを馳せてみましょう。その根本は変えられなくても、プラスにシフトすることは可能です。

人は五感と欲望で動く感情の動物です。すべての行動は喜び、悲しみ、怒り、諦め、驚き、嫌悪、恐怖といった感情に基づき、痛みを避けて快楽を得るために成されると言ってもいいでしょう。

人は満たしたい感情を得るために「自己正当化」という常套手段を人とのコミュニケーションにおいて選択することがあります。それは、裏を返せば「他者否定」であり、たとえ社会やチームの不満や不信を呼び起こすとわかっていたとしても、自己正当化をやってしまうことがあります。最終的に本人はそれによって大きな代償を支払い、人生を台無しにしてしまうことでしょう。巻き込まれたチームは、結果の出ない未来のために行動し続けることになる可能性が高まり、百害あって一利なしです。にもかかわらず自分自身や、チームメンバーの根底に、その兆候を見つけることが少なくはないのではないでしょうか。

解決は、簡単ではないかもしれません。

有効なのは、オープンで正直なコミュニケーションです。すべてのメンバーが心の声に素直に向き合い、会話によって根気強く、本当に望む未来について明らかにしていくことしかないのです。

深層心理には、不満が長い間根強く居座っている可能性があるものの、すべての不満は人それぞれの解釈にしかすぎません。「望まないことをさせられている」という不満も、別の角度から見れば「やりがいのあること」になるかもしれませんし、チームのコミュニケーション手法を変えることで、解釈が変わる可能性もあります。

ネガティブな状態からポジティブへのシフトは難関です。とはいえ、そういう場面でこそ、観点の異なる複数の人でチームを成していることが、大きな意味を持つともいえるのです。メンバーの不満に全く別の観点から光を当てることは、チームを成しているからこそできるのです。

チームを成すことで発生する行き違いやぶつかり合いも、その解決の糸口は、チームでのコミュニケーションによって見つかるのです。

組織を育てるゴールとルール

成功は重要なキーワードですが、ビジネスリーダーによるゴール設定が「自分らしいかどうか」、しかも社会の多くの人々にも評価されるかどうかは、それ以上に重要です。社会からの評価、ポジティブな評判があってこそ、協業も可能となるでしょう。

逆に言えば個人と会社、価値観が異なったままでは、ともにゴールを目指すことはできませんし、いい結果を生むこともないでしょう。個人のゴール達成が、会社のゴール達成にもなるように、一貫性のあるゴール設定がなされていてこそビジネスは前進します。先進的な企業が目標達成の仕組みを積極的に取り入れているのは、そのためです。

自らを探究し、存在理由、使命、方向性をしっかり理解してゴールを設定することは、優れたビジネスリーダーの条件と言ってもいいでしょう。

あなたと会社のゴール、そして顧客のゴールが一致していれば、顧客までもが協力者になりえるでしょう。ロイヤルカスタマー、つまりはあなたのファン、サポーター、味方になってくださるはずです。あなたを尊重し、パートナーとして認めるでしょう。すぐれたビジネスリーダーは顧客と、ひいては社会と、そうしたパートナーシップを形成できるのです。そうしたビジネスリーダーだけがアップグレードし続け、社会的な価値を創造し続けることができると言えます（図表29）。

そして、組織がゴールに至るプロセスに欠かせないのがルールです。

ルールをチームメンバーで協力し合ってつくるのは、とても誇らしいことです。他者がつくったルールには不平不満が生じがちですが、自分たちにふさわしいルールを自分たちでつくるのであれば「名誉の掟」となります。ＢＮＩ®であれば「してほしいと思うことを貢献しあう」「やってほしくないことはしない」というルールがあります。

【図表 29　あなたと会社、顧客のゴールが一致することの重要性】

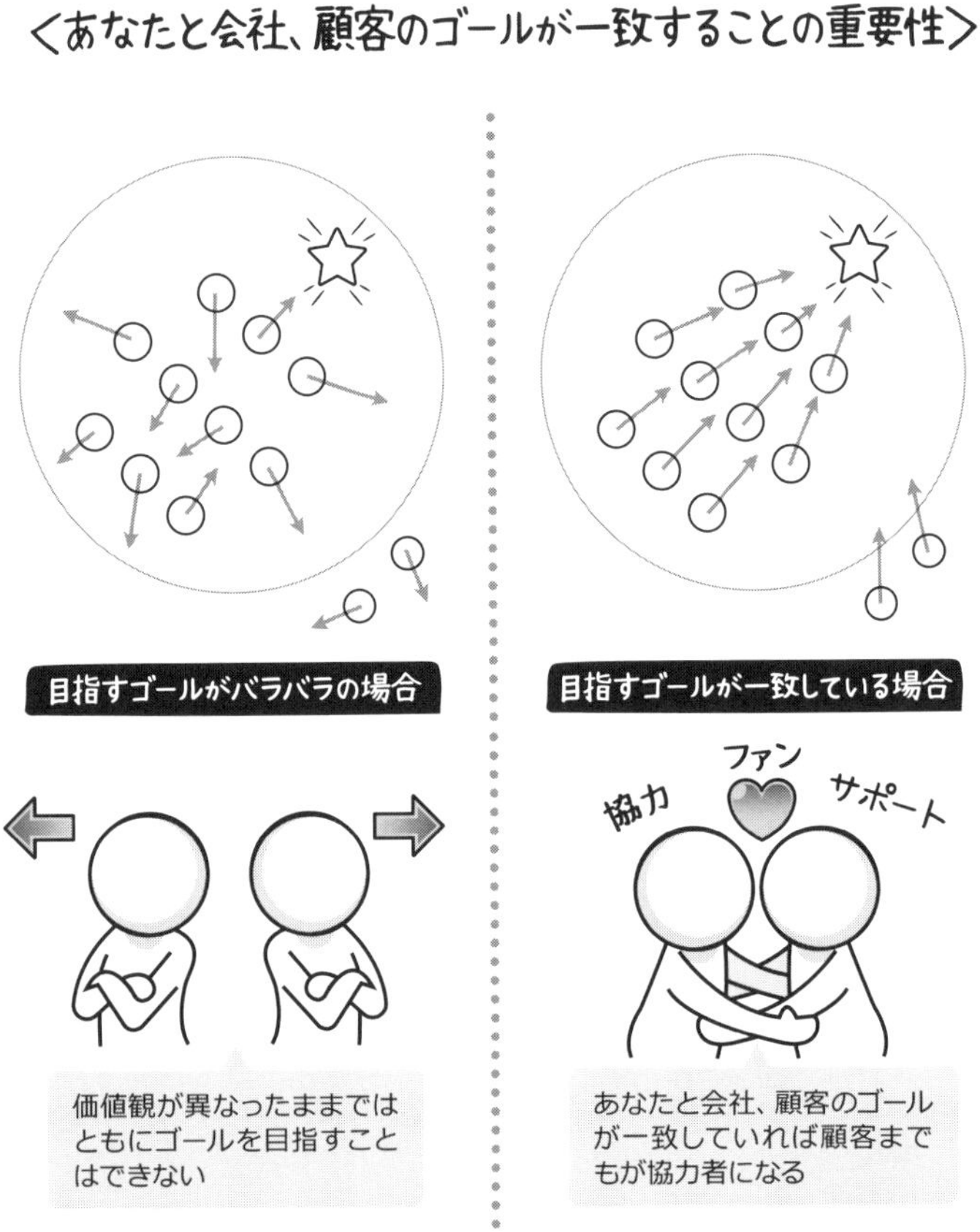
＜あなたと会社、顧客のゴールが一致することの重要性＞
目指すゴールがバラバラの場合
価値観が異なったままでは
ともにゴールを目指すこと
はできない
目指すゴールが一致している場合
ファン
協力
サポート
あなたと会社、顧客のゴール
が一致していれば顧客まで
もが協力者になる

Point!

個人のゴールが会社のゴールとなるように一貫性のある
ゴール設定がなされるとビジネスは前進することができます！

ナレッジを集め、心地よく飽きないポジティブなルールをつくり、皆がルールから学ぶ環境なら、全体最適を意識でき、信頼の核を形成できます。

ルールを徹底させるのに、有効な手段は「見える化」です。

人の健康を数字などで「見える化」するように、チームやプロジェクトにおいても「見える化」は、とても参考になります。ミーティングの欠席回数など目に見えてわかる数字は「見える化」してみましょう。また顧客に訪問した回数や売上高などは、チームのビジネスがどう動いたかを裏づけるバロメーターです。さらにリファーラルにつながったか、何を学んだかといった、普段は目に見えにくいことも「見える化」できれば、それがいわば「体組計」となり、チームの健康状態を実感できます。

優秀なビジネスリーダーが率いる組織では、ルールが人を育てます。歴史から学び、悪しき歴史を繰り返さず、ポジティブにルールをつくり変えることができるからです。価値を認められたルールやスピリットで人と人が「前向きに」に繋がれば、伝統を土台とした未来を創造できます。

真の経営者として成長していくために、こうしたゴールとルールによって、成功のための環境を整えることの重要性を認識したいものです。

未来を創り出すために必要な行動とは

優れたビジネスリーダーは、ＡＩとは全く異なるアプローチ、リファーラルで価値ある未来を創造します。そのために一瞬たりとも怠ってはいけない条件、それは「今、使う言葉を選択すること」です。

まずは自分自身が自分の人生にどのような意味や解釈を持っているかを、言葉によって認識しましょう。それが第一歩となります。未来とは不確実なものですが、言動を選択することによって、確実なものへと近づけていくことができるからです。

どんな時代においても、過去にはなかったものが生み出されています。電球から始まりテレビやスマホ、今、存在するあらゆるものは、ひと昔前には存在しませんでした。昔を基準に考えると、すべてが有り難いものばかりです。これらは多くの人々が求める価値ある未来を言葉にすることによって、新しく創り出されてきたのです。

一方で、今起こっている出来事は、過去の言動が招いたものであり、未来まで左右するとは限りません。よりよい未来を新たに創り出すために必要な行動は、不都合な過去の課題を正しく認識し、それを解決して未来に持ち込まないことです。過去は過去に完了させ、新しい未来を創り出すことが重要なのです。

人は無意識の習慣で動いているため、言葉や行動にその無意識が反映されているものです。過去に囚われている間は「過去フィルター」を通し、過去の出来事につけた解釈によって今を対処しようとしてしまいます。それでは自由さを失っていると同然です。

さらに「過去フィルター」を通した人間関係の枠内のお付き合いに終始していると、視野を狭め、先細りさせてしまうでしょう。新しい習慣は意識的に行動を反復し続けることによって新しく形成されます。そして、そのスキルが体得できていれば、無意識に体が動くようになります。

無意識にアクセスするためには、自分自身が自分の喋っている言葉に注意を傾けることが非常に

【図表 30 未来を創り出すために】

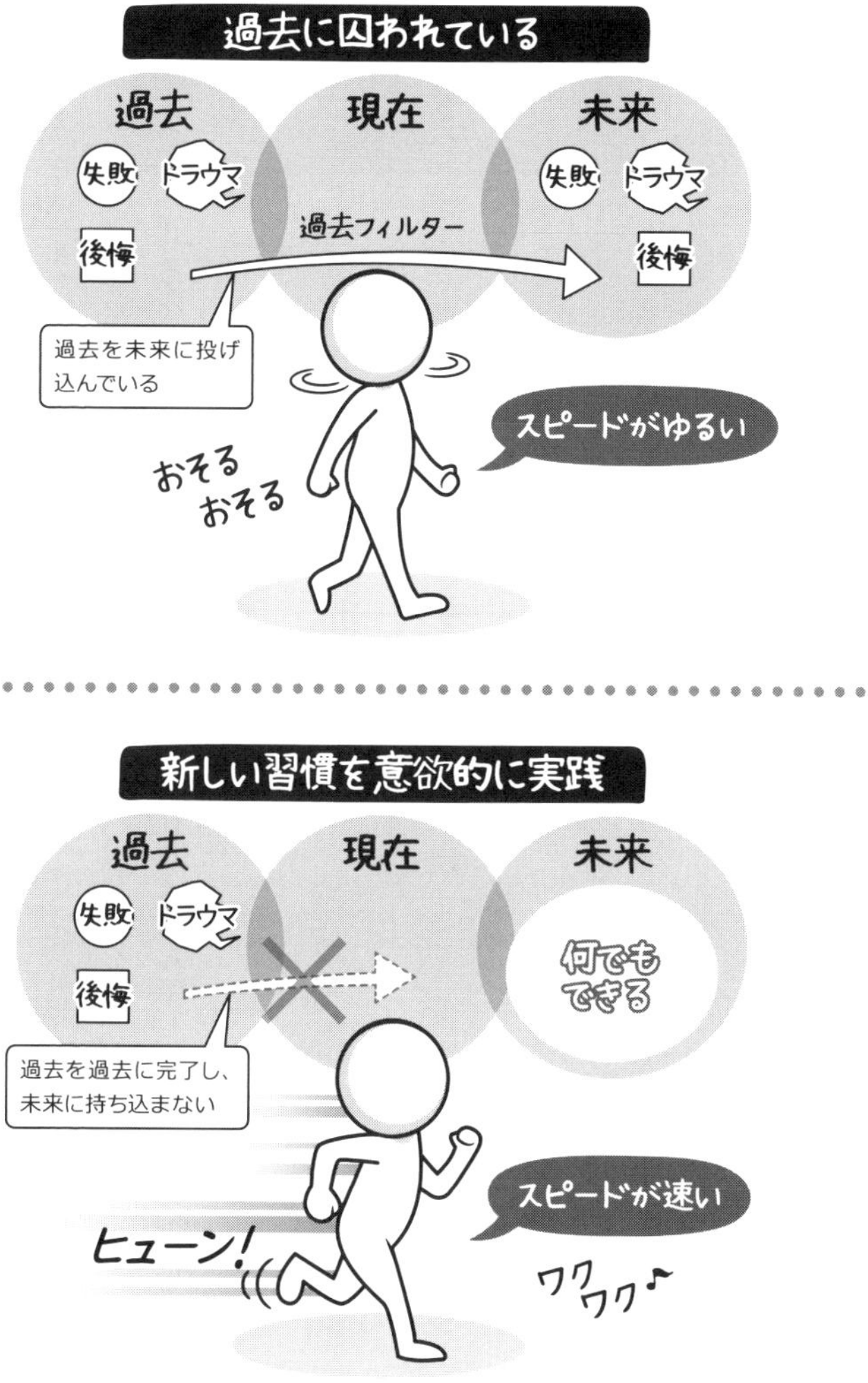

大切です。選択した言葉や行動から、自分自身の潜在意識にある思考にアクセスするのです。そのために、効果的な質問をいくつか持つとよいでしょう。自分自身は自分の未来に何を求めているのか。そのためにどのような行動をしているのか。何回も何回も自分自身に問いかけ、自分自身が新しい自分を創り出すために言葉をポジティブに選択してみてください。

①私は何を求めているのか？　私にとって一番大切なものは何か？　私が本当に求めているものは？

↓願望の明確化

②そのために、「今」何をしているのか？

↓時間（お金の使い方をチェックする）

③その行動は私の求めているものを手に入れるのに効果的か？

↓主観を絶対視せず客観的に行動を評価する

④もっとよい方法を考え出し、実行してみよう

↓改善計画とその実践

※『目標達成の技術』青木仁志（著）

自分の言葉を尊び、未来について発信するときは「コミットメント＝決意を表明する言葉」を選んで表現しましょう。そうすれば枠に囚われない発想から、未来を創るプロセスはより明確になり、新しい行動が呼び起されることでしょう。そして、仲間のサポートも得られるはずです。

未来は決して単なる夢や希望ではありません。あなた自身が自分の人生のリーダーシップをとり、

主体性のある行動をもって事実を積み上げ、責任をもって未来を創造することに全力を尽くせば、今までとは全く違う未来を切り拓くことができるのです。

「ＧＩＶＥ」は、何も損なわない建設的な愛

あなたが成功したいのは、あなた自身のためですか。それとも人のためですか。

あなたは自分自身を信じていますか。どんな信念を持っていますか。

あなたはお金や時間や人脈を、見返りを期待せずに惜しみなく「ＧＩＶＥ」できるでしょうか。得られていないものを得るために「まず先に与える」という成功法則を信じられますか。

信念は自信の賜物です。自分自身を信じることができない人は、なかなか強い行動に出ることができないからです。あなた自身のために成功したいと思っていたとしても、自信と信念があるならば、「ＧＩＶＥ」を実践してみてください。それは必ず、あなた自身のためになるからです。

成功とは、あなたの力だけで引き起こすものではありません。あなたの信念があるところに起こるのです。あなたはＡＩには決して持てない信念を持っているはずです。リーダーシップを意識することによって、これからも、それを大切にし続けることができるでしょう。

私はビジネスリーダーの信念とリファーラル、ＡＩの可能性がコラボレーションすれば、どんな未来の創造も可能になると言い切っていいと思います。

なぜなら「ＧＩＶＥ」によるリファーラルのシナジー効果を最大限発揮させることができれば「す

べてを持っている」という考え方もできるからです。シェアリングエコノミーでは車のシェアが知られていますが、すべての人が価値を分かち合えば、手に入らないものはないのです。それが全体最適であり、その時代を生きるリーダーは、それを成し遂げるエネルギーを持っているのです。

「ＧＩＶＥ」が集まる環境では、他人であっても新しい大家族になれます。それは「ＧＩＶＥ」が建設的な愛だからです。私は社会にそうした環境をつくることに貢献したいですし、そう思う人を増やすことができれば嬉しいと考えます。

そうした環境では、達成感、満足、連帯感といったプラスの価値を分かち合い、それを共有し、つくり出すこともできるでしょう。共に働く人々との間に信頼関係を構築し、人々を正しい方向に導き、人を活かし、成長に貢献し合い、ともに誇り高い信頼のリファーラル組織を築き、すべてのコミュニティーにおいて、すべての人が真のリーダーとなるように支援できるようになります。

そのために、周りの大切な人たちとのコミュニケーションを日常生活において変えてみることから始めてみましょう。

そして、赦す、謝る、手放す、明らかに認める（あきらめる）、感謝するなどのポジティブな言葉や態度を自分自身の行動として選択するようにしてみてください。

よりハイレベルなリーダーシップを体得していただきたいのは、そのためです。公器としての使命を果たすリーダーが地域に増えることが世界の未来に繋がると確信しています。

私はリーダーであるあなたに、ぜひこれだけは覚えておいていただきたいのです。

◆「あなたがたは、神に選ばれた者、聖なる、愛されている者であるから、憐れみの心、慈愛、謙遜、柔和、寛容を身に着けなさい。互いに忍びあい、もし互いに責むべきことがあれば、ゆるし合いなさい」（コロサイ人への手紙　３章12節）。

建設的な心遣いを「ＧＩＶＥ」することを、多くの人は「愛」と呼ぶでしょう。

あなたが「愛」を全世界にあふれるほど「ＧＩＶＥ」したとしても「愛」はあなたから決して減ったりはしません。むしろ、リーダーであるあなたが「ＧＩＶＥ」すればするほど、あなたにも世界にも「愛」が増えることでしょう。

このことを心底信じているかどうかが、成功への力強い第一歩をつくり出します。

人生は一度きりです。そして、あなたは１人だけです。

「ＧＩＶＥ」が世界を席巻する時代は、必ず到来します。

さて、あなたは何を「ＧＩＶＥ」しますか？

○実践のためのアドバイス

・ビジネスが社会に及ぼす影響力の大きさについて意識しよう。
・あなたは、今よりも、もっと他の人によい影響を与えるような人になることができる。
・ＡＩには決して持てない、信念を持って仕事をしよう。
・あなたの「ＧＩＶＥ」で、あなたの周りの世界に「愛」を増やそう。

おわりに

最後まで読んでくださり、ありがとうございました。

私は企業コンサルティングを担う中で「リーダーシップとは何か」について、考え続けてきました。大企業へと成長を遂げたからといっても、人材がリーダーシップを発揮し、チームが力を発揮し続けられるような仕組みをつくり続けないかぎり、先はないと断言できます。

一方で、小さな組織や個人であっても多様性を大切に「ＧＩＶＥ」の発想でつながれば、新しい価値を生み出すことができ、その可能性は無限大とも言えるのです。今はインターネットによって、距離や時間の制約に苦しむことなく、小さな組織や個人の力をビジネスに生かすことが可能となり、競争するのではなく、共存によって、豊かな資本を生かすことが可能になっています。誰もがリーダーシップを発揮するチャンスを得やすいといえるでしょう。

過去を踏襲するだけであれば、人であれ、組織であれ、ＡＩに勝るわけがありません。一方で、新しいビジネスは、そのすべてが冒険であり、未来を創造するプロジェクトには、多彩な人材の力、思いがけないアイデアが、強みになります。グローバルな視野をベースにして考え、リーダーシップを発揮する人同士が連携することで、多くの人が心待ちにする満足を提供できるようなプラットフォームを構築することができるのです。

一強を目指して資本を集中させても、それを活かす仕組みづくりを時代にマッチしたものにし続けなければ限界が訪れます。資本を活かすリーダーが率いるチームはＡＩと共存でき、そうでなければ組織の大小にかかわらず、ＡＩに振り回されるだけといえるでしょう。私は今後、益々「リファーラル組織」という新しい組織のあり方が取り沙汰されることは間違いないと思っています。

すべての人材が「ＧＩＶＥ」の発想で行動し、愛をつないでいくリファーラルを実践し、未来を創造するプロジェクトを軌道に乗せている社会を想像してみてください。資本は一極集中したまま塩漬けになるというような恐れはなく、優れたビジネスリーダーが、使命を持って率いるプロジェクトのスタイルで、大航海時代のようにダイナミックなスピード感とエネルギーで、未来を切り拓くことに使われるでしょう。

プロジェクトメンバーは、フォロワーでありながら、人材の可能性を最大限に発揮できるようなルールが常に更新されるように意識しながら、チームの目標達成に高いモチベーションを持ち続けるでしょう。そんなリーダーやプロジェクトメンバーは、全方位的に「ＧＩＶＥ」の発想で行動しますから、社会から十分な評価を受けて、目標に必要となるアイデアや出会いを、リファーラルによって獲得できるでしょう。そんなリーダーやプロジェクトメンバーは、自らの家庭や住んでいる地域でも「１つひとつ、よくしていく」何かを見つけ、信頼関係やプラスの環境を構築していくに違いありません。

そうすれば、何が起こるでしょうか？

もはや「仕事」と「プライベート」の切り分け、ＡＩを使うか使われるかといったことに振り回されることなく、社会から「それは、いいですね」と評価され支持される未来構築であれば、様々な場面で、様々な資本や人材を味方につけ、多彩な満足を達成できることでしょう。会社という空間や勤務時間、通勤時間の制約から解放されながら、大切にしたい人間関係を積極的に育み、もちろん資産を形成していくこともできるでしょう。

あなたの目の前に今、マイナスの「ドラマ」が展開されているとしても、真のリーダーシップを身につけることによって、プラスの「ストーリー」に必ず変換可能です。そしてそのことを、後輩や部下、子どもといった次世代とも、ぜひ分かち合ってみてください。真のリーダーシップを身につけることは、楽しみを増やすことでもあります。視点が少し変わり、視野が少し広がり、たった1つ「GIVE」を実践するだけでも、新鮮な驚きが楽しみを呼ぶでしょう。そんな体験をする方がもっと増えることを、私は心待ちにしています。

最後になりますが、本書を出版するにあたり、惜しみない協力をしてくださった多くの方々に感謝申し上げます。特に、本書の編集に深く関わってくださった久保田説子さんには心より感謝申し上げます。また、私と出会っていただき今の私を育んでくださったすべての皆さま、ご縁をいただいたクライアントの皆さま、そして、BNI®ジャパンの大野真徳代表はじめBNI®大阪高槻河北東リージョンで活動していただいているメンバーの皆さまには心より感謝申し上げます。

「人生は出逢いでしか変わりません！　どんな人と出逢い、どんな出来事と出逢っていますか？」

私と出逢ってくださって本当にありがとうございます。そして、器をシフトさせていくことを一緒に取り組んでいただき、チャレンジングに出来事を引き起こしてくださり心から感謝申し上げます。

特にＤＮＡチーム11％の皆さまの弛まない「ＧＩＶＥ」に心から感謝申し上げます。引き続き、魂の成長に磨きをかけて、縁ある周りの多くの人々への「Givers Gain®の実践」を共に取り組んでいただければ幸いです。

末永くお付き合いください。

２０１９年12月

高須　英治

著者略歴

高須　英治（たかす　えいじ）

株式会社パラダイムシフトIDNet work's　代表取締役
BNI大阪高槻河北東リージョン　エグゼクティブディレクター
1968年5月12日タイ/バンコク市ピサヌロークにて双子の長男として生誕。3～8歳はブラジル/サンパウロ市、8～10歳は日本/横浜市、10～15歳はアルゼンチン/ブエノスアイレス市にて過ごす。
10～20代、同志社国際高校、同志社大学商学部を卒業後、大手都市銀行に入行。結婚。製造業と小売業の経営に参画。
30代、金融リース業・簡易宿所業の経営と製造業の廃業を経験。個性学・成功哲学・存在論的心理学・選択理論心理学などを学び始める。離婚、再婚。
40代、経営コンサルティング会社勤務を経て、株式会社パラダイムシフトIDNet work'sを創業。BNI®Growthチャプター加入。BNI®大阪高槻河北東リージョン設立。
50代、現在に至る。

編集協力　久保田説子（株式会社これから）
中面イラストレーション　加藤真菜美（アビユ　デザイン）

BNI®について　DiSC®について

令和時代を勝ち抜く！
リーダーが実践する「ＧＩＶＥの成功方程式」

2020年1月20日 初版発行　2020年2月20日 第2刷発行

著　者　高須　英治　© Eiji Takasu
発行人　森　　忠順
発行所　株式会社 セルバ出版
〒113-0034
東京都文京区湯島1丁目12番6号 高関ビル5B
☎03（5812）1178　FAX 03（5812）1188
https://seluba.co.jp/
発　売　株式会社 創英社／三省堂書店
〒101-0051
東京都千代田区神田神保町1丁目1番地
☎03（3291）2295　FAX 03（3292）7687

印刷・製本　モリモト印刷株式会社

ISBN978-4-86367-547-6